ALÉM DA RESILIÊNCIA

UMA JORNADA DE 40 DIAS EM PRINCÍPIOS ETERNOS
QUE NOS LEVAM PARA ALÉM DA RESILIÊNCIA

Faça parte do movimento "ALÉM DA RESILIÊNCIA".
Tenha acesso a materiais audiovisuais e estratégias de formação de pequenos grupos em empresas, condomínios, igrejas e outras organizações.

Acesse o QR Code ou acesse o link discipular.com.br/resiliencia para ter mais informações.

ALÉM DA RESILIÊNCIA

UMA JORNADA DE 40 DIAS EM PRINCÍPIOS ETERNOS QUE NOS LEVAM PARA ALÉM DA RESILIÊNCIA

Marcos Paulo Ferreira

Além da resiliência — Uma jornada de 40 dias em princípios eternos que nos levam para além da resiliência
por Marcos Paulo Ferreira
Esta edição é publicada em coedição entre
Publicações Pão Diário e Editora Discipular
© Publicações Pão Diário, 2023
Todos os direitos reservados.

Coordenação editorial: Adolfo A. Hickmann
Preparação do texto: Lozane Winter
Revisão: Adolfo A. Hickmann
Coordenação gráfica: Audrey Novac Ribeiro
Projeto gráfico: Rebeka Werner
Capa: Tatiane Fanti
Foto da capa: © Adobe Stock

Dados Internacionais de Catalogação na Publicação (CIP)

FERREIRA, Marcos Paulo
Além da resiliência — Uma jornada de 40 dias em princípios eternos que nos levam para além da resiliência
Curitiba/PR, Publicações Pão Diário, 2023

1. Vida cristã   2. Espiritualidade   3. Discipulado   4. Resiliência

---

Exceto quando indicado o contrário, os trechos bíblicos mencionados são da edição Nova Versão Internacional (NVI). © 2011 Sociedade Bíblica Internacional.

Proibida a reprodução total ou parcial sem prévia autorização por escrito da editora. Todos os direitos reservados e protegidos pela Lei 9.610, de 19/02/1998.
Permissão para reprodução: permissao@paodiario.org

Publicações Pão Diário
Caixa Postal 9740
82620-981 Curitiba/PR, Brasil
publicacoes@paodiario.org
www.publicacoespaodiario.com.br
Telefone: (41) 3257-4028

Editora Discipular
R. Amazonas de Souza Azevedo, 134 - Bacacheri
82520-620 Curitiba/PR
contato.eadibb@gmail.com | www.discipular.com.br
Telefone: (41) 3363-0327

LZ913 • ISBN: 978-65-5350-284-0

1ª edição 2023

Impresso no Brasil

A **RESILIÊNCIA NOS FORTALECE** e, em Filipenses, Paulo nos mostra o que é transcender para **ALÉM DA FORÇA** humana e experimentar a plena alegria da **PRESENÇA DE JESUS**.

AGRADECIMENTOS

A minha amada esposa Priscila, que me inspira e me faz melhor a cada dia. Suas contribuições foram fundamentais para essa obra. Amo você, meu amor!

Ao meu pastor e mentor, Luiz Roberto Silvado, com quem, desde meu primeiro envolvimento com liderança cristã, em 1994, tenho aprendido todos os dias.

Ao pastor e mestre, Zacarias de Aguiar Severa, que conheci como Reitor da Faculdade Teológica Batista do Paraná quando ali eu ainda era um jovem calouro e que, desde então, o tenho como mentor teológico. Minha gratidão por sempre avaliar meus escritos com gentileza, disposição e fidelidade aos ensinamentos bíblicos.

À amada Igreja Batista do Bacacheri (IBB) que, no início de 2000, me acolheu e, desde então, não tem medido esforços em investir em minha vida e na vida da minha família.

Aos amigos, Afonso Rondon Flores, Carmem Abourihan, Irma Helenn Cabral e Deltan Dallagnol, que dedicaram seu tempo para ler as prévias desta obra e trouxeram contribuições valiosíssimas.

PREFÁCIO

Este livro é fruto de experiências pessoais e pastorais vivenciadas nos anos de 2020 e 2021, durante o período da pandemia desencadeada pela COVID-19. No aspecto pessoal e familiar, foram as experiências de três contaminações pela COVID-19 e a adaptação à nova rotina de recolhimento social, com filhos pequenos tendo aulas remotas, eu e minha esposa trabalhando a partir da nossa casa, todos no mesmo ambiente, durante todo o dia.

Na dimensão do trabalho, foram as demandas pastorais lidando com famílias em crise; o luto pessoal pela perda de colegas ministeriais, irmãos em Cristo e familiares; o luto e consolo a muitos que perderam seus amigos e familiares; as crises com empresários, profissionais liberais e com muitos que perderam seus empregos.

Sempre digo que o tempo da pandemia foi o período em que mais chorei, mas também foi o período em que mais cresci e celebrei os milagres de Deus. Ninguém saiu igual daquela experiência, que foi bem mais longa e dolorida do que imaginávamos que seria.

A vida pastoral, assim como a de muitos profissionais, não pôde parar durante a pandemia. Tivemos que aprender a usar os aplicativos de reuniões on-line para acompanhamento e atendimento às pessoas, as quais muitas vezes estavam dentro de seus carros, para que, assim, pudessem se sentir em um ambiente seguro e abrir o coração, confessar pecados, chorar e ouvir uma direção pastoral em um tempo tão perturbado como aquele.

Foi logo no início da pandemia, quando sequer colocávamos o rosto na janela de casa ante a tamanha necessidade de recolhimento e o medo do desconhecido, que precisei acompanhar um jovem que perdera sua esposa e sua bebezinha, que estava sendo gerada. Foi uma das madrugadas mais desafiadoras e tristes que já enfrentei. Mesmo com tudo que estava sendo dito sobre o necessário distanciamento social, naquele momento não foi possível manter a distância. A imensa tristeza daquela perda fez com que eu saísse de casa e fosse ao encontro daquele jovem senhor, de sua filha então pré-adolescente e de toda a família em desespero.

Ao chegar ao hospital, foi impossível não abraçar e chorar com aquela família e principalmente com aquele jovem viúvo e sua pequena filha, agora órfã da mãe e sem a irmãzinha que ela tanto sonhara ter. A experiência de acompanhar aquela família enlutada, nas circunstâncias em que o falecimento ocorreu, mexeu tanto comigo que, na semana seguinte, tive todos os sintomas do que poderia ser uma contaminação pelo vírus da COVID-19. Como não tive febre e os testes de detecção da doença ainda eram escassos, acabei não fazendo exames para confirmá-la, mas, por prudência, permaneci isolado pelos quinze dias seguintes.

Foram as duas semanas seguintes a essa experiência, quando estava isolado em meu quarto, que a palavra resiliência veio muito à minha mente. A história daquela jovem senhora de nossa igreja, que havia repentinamente falecido, era um exemplo de resiliência. Alguém que já tinha enfrentado diversas enfermidades que eram consideradas incuráveis e cuja história de vida abençoou muitas pessoas da nossa comunidade de fé. A vida dela nos inspirava, seus textos demonstravam uma fé inabalável. Ela tinha algo a mais que resiliência, algo que a lançava ainda mais à frente.

Enquanto meditava sobre o ocorrido e sobre tudo que estávamos enfrentando na pandemia, me vinha à mente a pergunta: o que nos lança para além da resiliência? O que nos faz ir além da superação em momentos que aparentemente não temos para onde ir?

Tenho trabalhado com liderança de equipe e organizações religiosas desde 1995, sendo que, desde 2003, minhas funções tiveram maior ênfase em aconselhamento pastoral. Nesses anos todos e principalmente no período da pandemia, passei a compreender que deveria ser outra a palavra utilizada para designar a resiliência tão presente nos seres humanos e, principalmente, nas pessoas que já tiveram um encontro com o *sentido da vida*. Vou apresentá-la mais adiante.

Observei nessa caminhada como as pessoas são capazes não apenas de absorver o estresse e a pressão e voltar ao seu estado original, mas também de ir além, de aprender com as adversidades, de superá-las e de se lançar para um novo patamar.

Mas, e quando não alcançamos este "novo patamar"? E quando as respostas da vida não são as que esperávamos? E quando a perda precoce acontece, a doença deixa sequelas e as guerras se aproximam?

Foi nesse ponto de reflexão que me debrucei sobre as Escrituras Sagradas buscando respostas sobre qual é o ponto de transcendência que pode nos levar para além da resiliência e superação. Como Deus age para providencialmente nos levar para o centro da vontade dele, que é "boa, agradável e perfeita" (Romanos 12:2) e nos alinha ao verdadeiro *sentido da vida*? Nesse período, revisitei a história de Saulo de Tarso — o rígido religioso-político-militar que teve um encontro com Jesus de Nazaré ressurreto, teve sua vida transformada e ficou conhecido na história como o grande apóstolo Paulo.

Na releitura da vida do apóstolo Paulo, deparei-me com um de seus mais belos textos — a carta aos Filipenses. Ao escrevê-la a uma das igrejas que liderava, sediada na cidade de Filipos, Paulo estava preso injustamente em Roma e, portanto, em um ambiente de sofrimento. Sua carta, porém, é repleta de ternura, gratidão e afeição.

Comecei a leitura com a seguinte pergunta em mente: que princípios de vida produziam naquele homem tamanha resiliência para enfrentar o sofrimento no cárcere? Após ler e reler essa carta e ter feito várias descobertas de princípios que fortalecem a resiliência, percebi que seu autor tinha algo a mais. Paulo tinha algo essencial que o levava para além da resiliência, que o fazia transcender. Lendo a carta aos Filipenses com essa perspectiva, nasceu o livro *Para além da resiliência*.

O mergulho que fiz nas Escrituras Sagradas, na vida de Paulo e na carta aos Filipenses, em meio às experiências pessoais, familiares e pastorais vividas especialmente durante a pandemia, impactaram minha vida como nunca havia acontecido. Sou uma nova pessoa após a pandemia, pois foi nesse tempo que eu pude avançar para um novo patamar, não só pelas experiências de dores e perdas, mas também pela busca de princípios eternos nas Escrituras Sagradas. Ainda tenho muito a crescer, mas os princípios aprendidos tornaram-se parte do meu estilo de vida.

Meu convite é para que você, com o coração aberto e pronto para crescer, entre comigo nesta jornada que vai lhe lançar para algo muito maior que a resiliência, para além. Você não só descobrirá princípios eternos que nos dão resistência e resiliência em meio às pressões e dores deste mundo, como também se tornará capaz de ajudar outros a encontrarem o verdadeiro *sentido da vida* que nos faz tão especiais diante do Criador. Vamos juntos nesta jornada!

SUMÁRIO

INTRODUÇÃO 17
COMO USAR ESTE LIVRO 23
SEMANA 1 — Espiritualidade vibrante 25
    Dia 1 – Espiritualidade e resiliência (Filipenses 1:1) 26
    Dia 2 – A graça que nos lança para
        além da resiliência (Filipenses 1:1-2) 30
    Dia 3 – Gratidão e memória (Filipenses 1:3) 36
    Dia 4 – Transbordar para não amargar (Filipenses 1:3-4) 40
    Dia 5 – Gratidão e felicidade (Filipenses 1:3-5) 45
    Dia 6 – Graça e gratidão: justiça que cura
        e faz alçar voos (Filipenses 1:6-8) 50
    Shabat – O descanso no Senhor 55
SEMANA 2 — Ágape e o sentido da vida 59
    Dia 1 – Amor transbordante (Filipenses 1:9) 60
    Dia 2 – Conexão gera transformação (Filipenses 1:9-10) 65
    Dia 3 – Oração intercessória: empatia,
        alteridade e afeto (Filipenses 1:9-11) 70
    Dia 4 – Amor inteligente (Filipenses 1:9-11) 75
    Dia 5 – Providência e sentido da vida (Filipenses 1:12) 80
    Dia 6 – Sentido, propósito e processos
        (Filipenses 1:12-14,18-19) 86
    Shabat – O descanso no Senhor 93
SEMANA 3 — Sentido da vida e resistência 95
    Dia 1 – Plena entrega (Filipenses 1:20-21) 96
    Dia 2 – O sentido da vida (Filipenses 1:20-26) 100

Dia 3 – Sentido e propósito específico na vida
(Filipenses 1:24-26) 105
Dia 4 – Resistência (Filipenses 1:27-30) 110
Dia 5 – Resistência e submissão (Filipenses 1:27-28) 116
Dia 6 – Unidade: energia para resistência e resiliência
(Filipenses 2:1-5) 121
Shabat – O descanso no Senhor 128

SEMANA 4 — Unidade e serviço 131
Dia 1 – Humildade: a virtude motora da unidade
(Filipenses 2:1-5) 132
Dia 2 – Vanglória: o maior inimigo da unidade
(Filipenses 2:3-5) 137
Dia 3 – O Senhor da resiliência (Filipenses 2:5-11) 142
Dia 4 – Servir (Filipenses 2:5) 151
Dia 5 – Identidade em ação (Filipenses 2:12-13) 156
Dia 6 – Murmuração: destruidora da resiliência
(Filipenses 2:14-18) 161
Shabat – O descanso no Senhor 167

SEMANA 5 — Amizades e transcendência 169
Dia 1 – Amizades que inspiram a amar (Filipenses 2:19-24) 170
Dia 2 – Amizades ágape (Filipenses 2:25-30) 175
Dia 3 – Amigos mentores (Filipenses 3:1) 180
Dia 4 – O grande perigo da jornada (Filipenses 3:2-4) 185
Dia 5 – Metamorfose (Filipenses 3:7-9) 191
Dia 6 – Foco no futuro e o futuro no agora
(Filipenses 3:10-16) 198
Shabat – O descanso no Senhor 204

SEMANA 6 — Plenitude e transbordamento 207
Dia 1 – Ensino-aprendizagem (Filipenses 3:17-21; 4:1) 208
Dia 2 – Construtores de pontes (Filipenses 4:2-5) 213
Dia 3 – Antídotos contra a ansiedade (Filipenses 4:6-7) 219
Dia 4 – Pensamentos transformados, virtudes praticadas
(Filipenses 4:8-9) 225
Dia 5 – Contentamento "transiliente" (Filipenses 4:11-13) 234
Dia 6 – Transbordamento (Filipenses 4: 14-23) 240
Shabat – O descanso no Senhor 247

INTRODUÇÃO

Antes de refletirmos sobre os princípios que nos levam para além da resiliência, encontrados na carta de Paulo aos Filipenses, é importante lembrarmos o essencial da história de vida desse grande apóstolo das nações. A história desse homem é capaz de prender a atenção de qualquer pessoa, independentemente de suas crenças. Sua formação reuniu as três grandes culturas de sua época: hebraica, grega e romana. Seu espírito dinâmico e visionário o tornou um dos maiores protagonistas na evolução histórica da fé cristã, a ponto de levar para a jovem igreja inumeráveis multidões, de pobres e ricos, além de povos e nações inteiras.

A vida desse homem singular, de personalidade forte e resiliente, divide-se em dois períodos quase iguais, mas cada um com características diametralmente opostas. Em suas duas fases de vida, podemos reconhecer duas pessoas totalmente diferentes, inclusive com mudança do uso do nome hebraico, Saulo, para o uso do nome grego, Paulo. Podemos falar de 30 anos de Saulo, de Tarso até Damasco, e de outros 30 anos de Paulo, de Damasco a Roma. Na primeira fase da vida, temos Saulo, um homem comprometido com a força da religião e suas virtudes, mas também com suas máculas de alianças com o poder político-militar. Em defesa de sua religiosidade, nessa primeira fase da vida, Saulo se une aos militares romanos para perseguir, prender e até consentir com a morte dos seguidores do Caminho, pois os vê como inimigos da ordem e da tradição. O texto sagrado revela que:

> *Saulo ainda respirava ameaças de morte contra os discípulos do Senhor. Dirigindo-se ao sumo sacerdote, pediu-lhe cartas para as sinagogas de Damasco, de maneira que, caso encontrasse ali homens ou mulheres que pertencessem ao Caminho, pudesse levá-los presos para Jerusalém.* (Atos 9:1-2)

Porém, foi às portas de Damasco que o algoz e perseguidor foi amado e acolhido por Aquele a quem perseguia. A religiosidade feroz e violenta foi vencida pelo amor. O que Saulo e seus soldados perseguiam não era uma nova religião, mas uma pessoa.

> *De repente brilhou ao seu redor uma luz vinda do céu. Ele caiu por terra e ouviu uma voz que lhe dizia: "Saulo, Saulo, por que você me persegue?".* (Atos 9:3-4)

A voz do perseguido foi ouvida e então "Saulo perguntou: 'Quem és tu, Senhor?' Ele respondeu: 'Eu sou Jesus, a quem você persegue'" (At 9:5). Foi nessa experiência de ser amado sem merecer que Saulo deu seu primeiro passo para uma dimensão de vida que o lançaria para além da resiliência.

O Céu, quando desce à Terra, escurece as luzes e a força dos homens. Saulo, então, foi levado cego para a cidade de Damasco e assim permaneceu por três dias. Enquanto isso, a providência divina agia dentro da cidade de Damasco, na vida de Ananias, que ali morava.

> *Havia um discípulo chamado Ananias. O Senhor o chamou numa visão: "Ananias!". "Eis-me aqui, Senhor", respondeu ele. O Senhor lhe disse: "Vá à casa de Judas, na rua chamada Direita, e pergunte por um homem de Tarso chamado Saulo. Ele está orando; numa visão viu um homem chamado Ananias chegar e impor-lhe as mãos para que voltasse a ver". Respondeu Ananias: "Senhor, tenho ouvido muita coisa a respeito desse homem e de todo o mal que ele tem feito aos teus santos em Jerusalém. Ele chegou aqui com autorização dos chefes dos sacerdotes para prender todos os que invocam o teu nome". Mas o Senhor disse a Ananias: "Vá! Este homem é meu instrumento escolhido para levar o meu nome perante os gentios e seus reis, e perante o povo de Israel.* (Atos 9:10-15)

O primeiro encontro de Paulo, ainda no caminho para Damasco, foi o encontro com a Graça de Deus derramada sobre ele. Graça é um favor imerecido. Ele deve ter ficado perplexo com tanto amor, revelado a alguém que não tinha qualquer merecimento. O que deve ter passado pela mente e emoções deste homem nestes três dias de silêncio e escuridão? "Como Aquele a quem persigo pode me amar tanto? Como Ele vem a mim com favor imerecido?" Quando o Céu chega até nós é necessário que a Terra se cale, para que o Soberano possa falar.

O segundo encontro foi também necessário e libertador. Agora não seria mais com o sobrenatural invadindo a terra, mas com o natural de Deus usando pessoas comuns para comunicarem e serem usadas para o sobrenatural. Foi nesse segundo encontro que Saulo conheceu claramente a melhor das notícias, que faria com que de fato seus olhos se abrissem para os Céus. A melhor das notícias não foi dada por Jesus na revelação à beira da estrada para Damasco, mas por um homem comum: Ananias. Foi o contato com esta boa nova que fez com que Paulo fosse lançado para além da resiliência. A partir dela, Paulo passou a não temer mais nada e, sem soldados ou milícias, tornou-se o maior desbravador de povos desconhecidos para comunicá-la. Foi nesse segundo encontro que o então Saulo conheceu com clareza o que marcaria toda sua vida: a graça do Senhor Jesus Cristo. Saulo caiu por terra no primeiro encontro. Já, no segundo, deixou cair o castelo da religiosidade apegada aos esforços humanos, não ficando pedra sobre pedra.

Após sua conversão, o perseguidor passou a ser perseguido; o poderoso homem da religião, que fazia alianças com a política e tinha poder para prender, passou a viver na perspectiva do Reino de Deus que não se alia com as categorias de poder dos reinos da terra e, por causa disso, passou boa parte de sua vida em cadeias. É nesse contexto, de um homem perseguido e constantemente preso injustamente, que Paulo escreve o livro de Filipenses.

Ralph P. Martin escreve que a epístola de Paulo aos Filipenses pode ser considerada como a última carta ou como um testamento de Paulo. É uma epístola que nos proporciona acesso ao caráter pessoal e pastoral deste que se tornou o maior bandeirante do evangelho. É na carta aos Filipenses que vamos conhecer os princípios eternos que passaram a permear a vida deste homem depois do encontro com Jesus ressuscitado, depois de ter a clareza do evangelho anunciado por Ananias. É na carta aos Filipenses que vamos entender como esse homem pôde transcender para além da resiliência em meio a tanta perseguição, calúnia, flagelo e prisões. Seu salto para além da resiliência é tão explícito em Filipenses que ela se tornou conhecida como "a carta da alegria" pela maioria dos teólogos.

A resiliência nos fortalece, mas Paulo nos mostra o que é transcender para além da força humana, o que é experimentar a alegria da presença de Jesus, que lança além. É por isso que ele mesmo escreve: Meus irmãos "minha alegria transborda em todas as tribulações" (2Co 7:4), pois "...para mim o viver é Cristo e o morrer é lucro" (Fp 1:21); logo, "já não sou eu quem vivo, mas Cristo [é que] vive em mim..." (Gl 2:20).

As circunstâncias difíceis em que a carta aos Filipenses foi escrita não impediram Paulo de expressar sua ternura, gratidão e afeição de maneira espontânea e informal. Ao se dirigir aos filipenses, Paulo abre um diário íntimo de experiências com os segredos de sua resiliência e transcendência em Cristo; partilha sua jornada a partir de um encontro com Jesus, evidenciando que esta é a única jornada que pode nos dar acesso a tesouros especiais que transformarão nossas vidas para avançarmos para além da resiliência.

COMO USAR ESTE LIVRO

O objetivo deste livro é levar o leitor a uma jornada de 42 dias de transformação da mente e do coração. Ao final dessa caminhada, você terá novos hábitos e comportamentos que o colocarão em um estilo de vida que vai além da resiliência e da superação. O que nos garante que isso é possível é o fato de que esta obra trata de princípios eternos do evangelho de Jesus, visto que "é o poder de Deus para salvação de todo aquele que crê..." (Romanos 1:16).

O livro está dividido em seis semanas e apresenta temas específicos a partir de Filipenses, a epístola de Paulo aos cristãos de Filipos. Cada semana, traz seis reflexões diferentes, uma para dia, que ao seu final propõe as sessões **Orando a Palavra e Desafio do dia**. O assunto de cada reflexão é baseado nos versículos que abrem cada uma das meditações deste livro. Para que você reconheça o tema a ser abordado no dia, adicionei ênfases, em negrito, em palavras e sentenças desses versículos.

Ao término de cada seis dias, você terá um dia sabático — **Shabat: O descanso no Senhor**. Nesse tempo, procure refletir sobre a semana e fazer anotações sobre o que lhe impactou. Sugiro que tenha um tempo sabático no seu dia normal de descanso, que geralmente é o domingo. Caso você não possa aos domingos, escolha um dia de descanso e tenha seu tempo especial para meditar sobre a semana. Muitas vezes, por estarmos ansiosos para ler o livro todo em poucas horas, é comum não fazermos pausas para meditar e absorver o que lemos. Por isso, minha recomendação é que você leia uma única reflexão por dia. Assim, você desenvolverá um dos principais hábitos transformacionais: a vida de devoção diária com Deus.

Outra recomendação importante é que você interaja com mais pessoas sobre o conteúdo deste livro. Pesquisas sobre os melhores métodos de aprendizagem mostram que, quando falamos sobre o que estamos aprendendo, assimilamos mais de 90% do conteúdo. Por isso, as interações sobre estes princípios eternos produzirão transformação em você.

Pronto para uma jornada de transformação em sua vida? Eu creio que o maior interessado em sua leitura e meditação é Aquele que inspirou as páginas da carta de Paulo aos Filipenses. Por isso, creio que essa jornada vai ter mais do que páginas sendo lidas: serão dias da presença de Deus, promovendo transformação em sua vida. Aproveite!

Marcos Paulo Ferreira
Pastor na Igreja Batista do Bacacheri (IBB)

SEMANA 1

ESPIRITUALIDADE VIBRANTE

DIA 1

ESPIRITUALIDADE E RESILIÊNCIA

Paulo e Timóteo, servos de Cristo Jesus... (Filipenses 1:1)

Já aconteceu de você precisar sair de casa às pressas e calçar o primeiro sapato que viu pela frente? Ou colocar aquele sapato que, para você, parecia o mais bonito? E aí, só perceber que calçou o sapato apertado ou desconfortável depois que teve que caminhar um pouco mais e quando já não dava mais tempo de voltar?

Geralmente, as motivações estéticas ou a ansiedade e a pressa por causa de um atraso nos levam a colocar o primeiro sapato que vemos, sem nos preocuparmos com sua adequação ou conforto. No início, as dores do sapato inadequado são inibidas; mas, no decorrer do dia, quando a vida toma seu ritmo normal, vamos percebendo que estamos com o calçado errado.

Até nos acostumamos com a dor, adaptamo-nos à forma de andar, evitamos caminhadas mais longas e permitimos que nosso corpo se conforme. Mas, quando chegamos em casa e finalmente ficamos descalços, percebemos bolhas e machucados nos pés. Por mais que nosso corpo tenha se amoldado ao calçado, nada muda o fato de que estávamos com o sapato errado.

Do mesmo modo que nos adaptamos e nos conformamos ao uso do sapato apertado, também criamos naturalmente zonas de conforto para fugir da realidade. Entretanto, assim como em uma caminhada, existem momentos de maior esforço, momentos em que nos deparamos com uma emergência e em que precisamos correr, na vida também existirão momentos de contingência.

Os momentos de contingência são aqueles de adversidades que nos tiram do piloto automático. As adversidades nos obrigam a firmar as mãos no volante, a fixar os olhos no presente e nos levam a olhar para quem somos, para qual é o nosso propósito e qual é o nosso destino. É nesse olhar fixo e reflexivo diante das tempestades que somos chamados a transcender, viver nossa espiritualidade e fazer emergir a resiliência.

O chamado à espiritualidade, à transcendência, começa com a percepção de que aquilo que calçamos é inapropriado; de que às vezes é melhor estarmos descalços do que usando algo que não é feito para nós, que não nos serve. O chamado à transcendência é um chamado para a libertação; libertação das fugas, negação da realidade e trivialidades que surgem quando estamos no piloto automático.

A espiritualidade é uma necessidade humana! Fomos criados para viver a espiritualidade. Temos um anseio pelo divino, um vazio que está dentro de cada ser humano, que precisa ser preenchido.

Fiódor Dostoiévski, considerado um dos maiores romancistas e pensadores da sua época, disse que "há no homem um vazio do tamanho de Deus". Blaise Pascal afirmou que "há no homem um buraco da forma de Deus". Existe em nós uma necessidade de Deus; somente Ele preenche nosso vazio.

A questão é que muitas vezes, no piloto automático, preenchemos esse vazio com coisas inapropriadas. Somos seduzidos pela estética sem reflexão, pelo prazer imediatista, pela pressa e pelos medos. Assim, tentamos nos preencher com subterfúgios que nos causam ainda mais dor e escravidão.

Somos criativos nessa busca por preenchimento. Buscamos pelo caminho do poder e do sucesso: no ativismo familiar, profissional, político ou religioso. Buscamos pelo caminho do hedonismo: no prazer individualista das mídias sociais e canais de streaming, nos relacionamentos direcionados por desejos ou nos bens materiais. Buscamos pelo caminho da autonomia e autossuficiência: nas religiões, filosofias, ideologias e conhecimento. Todas essas buscas geram uma fábrica de deuses caprichosos e perversos que exigem e cobram práticas bizarras que inviabilizam ainda mais a vida daqueles que os adoram. Nestas fugas, somos criativos em inventar ídolos caprichosos que nos escravizam.

Paulo, ao escrever a carta aos Filipenses, inicia com uma expressão que chama a atenção. Ele inicia dizendo: "Paulo e Timóteo, **servos de Cristo Jesus...**" (Fp 1:1 — ênfase adicionada pelo autor). Paulo e Timóteo fazem questão de revelar a fonte de sua espiritualidade, vida, alegria e resiliência. Eles não escondem a fonte de seus desejos e buscas. Eles se revelam como "servos de Cristo Jesus".

No capítulo 3 da carta aos Filipenses, nos versículos 4 a 6, Paulo explica que, anteriormente, ele buscou preencher o vazio de sua alma de muitas formas. Buscou na filosofia, nas heranças familiares, na religiosidade e até nas ideologias político-militares, mas nada disso o preencheu. Porém, a partir de uma de suas viagens, quando teve um encontro com a pessoa de Jesus, Paulo passou a considerar como perda tudo o que antes para ele era motivo de orgulho. Ele diz: "...considero tudo como perda, comparado com a suprema grandeza do conhecimento de Cristo Jesus, meu Senhor, por quem perdi todas as coisas. Eu as considero como esterco para poder ganhar a Cristo..." (Fp 3:7-9).

Paulo deixou claro que ele não era servo de César, que o mantinha preso e acorrentado. Também não era servo da religiosidade judaica, nem da associação político-religiosa-militar dos fariseus com os romanos e muito menos das filosofias de sua época. Ele era servo de Jesus Cristo.

Ele evidenciou que seus desejos e ambições haviam se tornado cativos de um único amor, Jesus, o Messias! Jesus era a fonte de vida e resiliência para Paulo, mesmo em situações de extrema dor e tristeza.

E você? A quem tem servido? Quem ou o que tem lhe preenchido?

ORANDO A PALAVRA

Deus, mostra-me quais são as coisas que têm a primazia em meu coração, a ponto de me tornar escravo delas. Abre os meus olhos para identificá-las, confessá-las e ser liberto por ti. Quero ser Teu servo, preenchido inteiramente pela Tua presença em minha vida. Amém!

DESAFIO DO DIA

Nesse mesmo espírito de oração, fique atento e sensível para descobrir quais são os "sapatos que lhe machucam", quais são as situações que lhe deixam desconfortável, que causam aflições, dores, que ocasionam ansiedade ou momentos de descontrole. À medida que for descobrindo, comece a anotar e a orar perguntando a Deus quais seriam as possíveis causas desses sentimentos e atitudes.

DIA 2

A GRAÇA QUE NOS LANÇA PARA ALÉM DA RESILIÊNCIA

Paulo e Timóteo, servos de Cristo Jesus, a todos os santos em Cristo Jesus que estão em Filipos, juntamente com os bispos e diáconos: **A vocês, graça e paz da parte de Deus nosso Pai e do Senhor Jesus Cristo.** (Filipenses 1:1-2)

Meu pai é alfaiate e, por isso, sempre me ensinou sobre tecidos resilientes. Um conselho dele é: compre roupas com esses tecidos e você não esquentará a cabeça passando roupas durante horas. A resiliência está presente em diversos materiais: em uma mola que absorve pressão e depois retorna à sua forma original; em uma cama elástica que sofre um impacto e depois retorna ao seu lugar e até em tecidos. Sabe aquela camisa que não amassa, mesmo quando você precisa dirigir e usar o cinto de segurança? Ela é feita de um tecido com fibras resilientes.

Na física, a resiliência é definida como a capacidade que alguns corpos têm de retornar ao seu estado original, após serem submetidos a algum tipo de pressão, estresse e até deformação[1].

No aspecto humano, a psicologia tem utilizado o termo resiliência para definir a capacidade que o ser humano tem de passar por problemas, de se adaptar às mudanças, superar obstáculos e resistir a situações adversas, sem entrar em

---

[1] BRANDÃO, Juliana Mendanha. A construção do conceito de resiliência em psicologia: discutindo as origens. Paidéia, v. 21, n. 49, p. 263-271, maio-ago, 2011: p.265.

surto psicológico, emocional ou físico[2]. Essa se tornou uma habilidade essencial aos profissionais que buscam atuar em empresas e instituições.

Tenho trabalhado com liderança desde 1995, sendo que, desde 2003, minhas funções tiveram maior ênfase em aconselhamento pastoral. Nesses anos todos e mais precisamente durante a pandemia, passei a compreender que, diferentemente dos materiais físicos, a palavra para designar resiliência para o ser humano deveria ser "transiliência". Observei nessa caminhada como as pessoas são capazes não apenas de absorver o estresse e a pressão, mas de aprender com as adversidades, de superá-las e de se lançar para um novo patamar. O ser humano tem a capacidade e pode não apenas retornar ao seu estado original, mas, a partir da sua realidade traumática, se transformar[3] e ir ainda mais além, transcender.

Mas o que pode nos mover em "transiliência", nos tornar capazes não somente de superar adversidades, mas de ir além da resiliência, de nos fazer transcender?

A questão é que, diferente dos materiais físicos, em que se tem a capacidade de *resílio, resilire*, que significa "recuar ao estado original"[4], nós fomos criados à imagem e semelhança do Criador e em nós há uma semente da vida e da verdade que nos lança novamente em direção a Ele, o que faz que

---

[2] KOTTLIARENKO, M. A.; CÁCERES, I; FONTECILLA, M. Estado de Arte em resiliência. Organización Panamericana de La Salud: Oficina Sanitaria Panamericana: Oficina Regional de La Organización Mundial de La Salud, 1997.

[3] https://www.ecologyandsociety.org/vol15/iss4/art20/

[4] A palavra é formada por um prefixo "re" que indica retrocesso e mais o sufixo *–salire* que é um verbo, cujo significado é saltar, pular. Assim pode-se dizer que o significado da palavra é "saltar para trás". Ainda, segundo Macmillan Dictionary (2018), o "ato de rebote".

não apenas superemos as dificuldades, mas sejamos também direcionados a um propósito maior e, consequentemente, saiamos transformados e mais fortes delas.

Deus não nos abandona, mesmo que possa parecer que isso ocorra nos momentos de extrema dificuldade. Na verdade, são nesses momentos que podemos perceber a Providência Divina agindo em nós e nas circunstâncias para nos impulsionar a transcender.

Transcender é ir além da nossa frágil condição humana. É ser impulsionado a algo superior a nós mesmos. É algo mais que aprender a lidar com as dificuldades. É ser impulsionado para o encontro do próprio Criador. Por isso, gosto tanto desse prefixo "trans", que vem do latim: "além de", "para além de", "através de". Então, entendo como "transiliência" a capacidade dada pelo Criador a nós, não só de superar, mas de avançar, ser transformado e transcender. Ir além da própria resiliência!

O apóstolo começa a carta aos Filipenses com uma saudação que revela essa intenção divina de nos levar a transcender. Paulo a chama de a graça "da parte de Deus nosso Pai e do Senhor Jesus Cristo" (1:2). A palavra graça significa favor imerecido de Deus aos seres humanos. Paulo de fato entendia o que isso significava, pois ele mesmo experimentou este favor imerecido em sua vida.

As histórias registradas sobre Saulo (antes de começar a ser chamado de Paulo) são histórias que revelam um homem sedento de vida e sentido. Um homem que buscou o *sentido da vida* na religião, nas filosofias e nas ideologias político--militares. Suas buscas chegaram ao ápice do zelo religioso, levando-o ao extremo de perseguir cristãos e consentir com a morte deles.

Em uma de suas viagens, indo em direção a Damasco, portando autorização para prender e até matar cristãos, Saulo foi surpreendido por uma luz. Ao cair em terra, ele "ouviu uma voz que lhe dizia: 'Saulo, Saulo, por que você me persegue?'" (At 9:4). Esse providencial encontro com Jesus ressurreto lhe possibilitou descobrir a imprescindível luz que de fato o fez enxergar a dimensão transcendente da vida. Foi essa luminosidade que o levou às nações para canalizar a grande verdade que ele chama de graça "da parte de Deus nosso Pai e do Senhor Jesus Cristo". O favor imerecido sobre a vida de Paulo foi ele mesmo ser encontrado pelo "Cordeiro de Deus, que tira o pecado do mundo" (Jo 1:29).

As Escrituras Sagradas evidenciam a graça divina desde a narrativa da criação com a queda do ser humano, revelando-a plenamente na pessoa de Jesus Cristo. Após o encontro com Jesus no caminho de Damasco, a razão da vida de Paulo passou a ser a propagação desta graça salvadora que o alcançou. Jesus foi a fonte da graça que dividiu a história em duas partes: antes e depois dele, mas Paulo foi o canal que levou a mensagem redentora e a contextualizou aos povos. De religioso-político-militar, perseguidor e torturador, ele se tornou perseguido e propagador da graça e do amor que ele encontrou na estrada para Damasco.

Paulo experimentou ser amado mesmo não sendo merecedor desse amor. Ele experimentou a graça não somente de Deus, mas também dos cristãos, a quem ele perseguia. A comunidade de fé que se reunia na cidade de Filipos foi extremamente generosa com ele, amando-o não somente em palavras, mas revelando essa graça em forma de donativos financeiros para Paulo, quando ele se encontrava preso.

E é por isso que, mesmo em meio a perseguições e sofrimentos, ele não considerava a vida caos, mas cosmos, trazendo a convicção de uma providência divina que nos atrai para transcender. Uma ação de Deus que vem sobre nós nos momentos de sofrimento, não simplesmente para nos proteger nos dando resiliência, mas para algo muito maior, um chamado divino para transcendência. Para uma ordem, um caminho, uma direção. Por isso, Paulo não via caos no sofrimento, mas cosmos. Cosmos implica ordem e direção, ainda que as circunstâncias revelem aparente contrariedade. Mesmo em um mundo com tanta violência, desequilíbrio ecológico, pandemias, corrupção e hipocrisia, a graça, que é favor imerecido de Deus, age sobre nós, mostrando-nos o *sentido da vida* e nos levando para Ele.

Paulo experimentou a graça de Deus e daqueles que antes ele perseguia. Agora, seu maior desejo era que essa graça estivesse sobre os seguidores de Jesus. Por isso, ele direciona sua carta e deseja graça aos líderes (bispos e diáconos) e a todos os membros da comunidade de fé, chamados por ele de "santos". Santos, não por merecimento deles mesmos, mas também pela graça de Deus. Ele começa sua carta dizendo: "Paulo e Timóteo, servos de Cristo Jesus, a todos os santos em Cristo Jesus que estão em Filipos, com os bispos e diáconos: A vocês, graça e paz da parte de Deus nosso Pai e do Senhor Jesus Cristo" (Fp 1:1-2).

Em Jesus, nós encontramos a graça, o favor imerecido. O resiliente precisa aceitar que é possível transcender, ir para o estágio da "transiliência", mas que isso não se faz sozinho, é necessária a intervenção divina, a graça que vem "da parte de Deus nosso Pai e do Senhor Jesus Cristo".

A oração de hoje é um convite ao acolhimento da graça divina que nos leva a transcender.

ORANDO A PALAVRA

Senhor, declaro que a vida não é um caos e que Tu és o Soberano que nos leva sempre à oportunidade da transcendência por meio de Tua Graça. Meu Senhor, eu quero ir além da resiliência. Eu desejo ser "transiliente" mediante a Tua Graça. Eu me rendo à Tua soberania e quero me unir a outros que também receberam a Tua Graça. Recebo em meu coração a graça e a paz da parte de Deus, meu Pai, e do Senhor Jesus Cristo. Amém!

DESAFIO DO DIA

Você tem percebido a graça de Deus sobre você, conduzindo a sua vida? Tente lembrar-se e anote as ocasiões que que vivenciou isso. Crie oportunidades para compartilhar isso com outras pessoas.

Nesta semana, anote também situações em que você percebe a graça de Deus sendo manifestada em sua vida. Circunstâncias em que, mesmo em meio o aparente caos, você enxerga a mão de Deus o guiando para algo superior.

DIA 3

GRATIDÃO E MEMÓRIA

Agradeço a meu Deus toda vez que me lembro de vocês.
(Filipenses 1:3)

No período da pandemia iniciada em 2020, o mundo passou por uma experiência singular. Por conta do contágio desenfreado do vírus COVID-19, todos foram orientados a não sair de casa. Empresas estabeleceram home office; escolas ministraram aulas on-line; shows e eventos ocorreram por meio de lives e até mesmo os cultos foram transmitidos apenas via internet. Toda aglomeração precisava ser evitada para conter a contaminação. Todos os que podiam deveriam ficar em casa.

Os primeiros dias desse isolamento não foram fáceis na minha casa. Eu e minha esposa estávamos em home office e as crianças tinham aulas *online*. Além disso, tínhamos todo o trabalho doméstico, uma série de outras tarefas e uma constante preocupação sobre a possibilidade de contaminação com o novo vírus ainda desconhecido.

A rotina se tornou permeada de dúvidas. Faltará comida nos supermercados? Conseguiremos manter a produtividade no trabalho? As crianças aguentarão a ausência de contato com os amigos? Como daremos conta da casa, do *homeschooling* e de tudo mais?

O nível de estresse e pressão aumentou e não foi apenas uma vez que tivemos que parar tudo para conversar e redesenhar nossa rotina. Então, percebemos que precisávamos ir além de uma agenda bem-organizada; precisávamos de algo que aquecesse nosso coração e nos mantivesse saudáveis dentro da nossa própria casa.

Certo dia, nossa filha apareceu com um álbum de fotos, cheia de alegria e perguntas. Minha esposa tinha arrumado alguns armários e havia deixado alguns álbuns para fora. Minha filha viu naqueles álbuns um tesouro e encontramos ali um espaço de satisfação e alegria. Por alguns dias, dedicamos tempo para olhar nossos álbuns de fotos. Aproveitamos e dedicamos tempo para ver nossos vídeos e fotos digitais, lembrando das boas histórias.

Nesses momentos, recordamos com alegria tantos momentos e sonhamos com o que faríamos, após toda aquela situação passar. Intensificamos nossas falas e orações de gratidão e as memórias foram aquecendo o nosso coração. Demos muitas risadas e nos divertimos.

Os próximos longos meses de recolhimento domiciliar foram prazerosos. Valorizamos cada momento em família. Dia após dia, falávamos às crianças como era única a oportunidade de estarmos juntos quase todo o tempo e como cada dia era motivo de agradecimento a Deus por Seu amor, cuidado e sustento. Transformamos o tempo estressante de recolhimento em um tempo de recordação e geração de gratas memórias.

O resgate da memória com gratidão também se mostrou uma fonte abundante de resiliência na vida do apóstolo Paulo. Ele diz: "Agradeço a meu Deus toda vez que me lembro de vocês" (Fp 1:3).

As Escrituras Sagradas nos ensinam que precisamos trazer à memória aquilo que traz esperança. Somos alertados a nos lembrar dos "feitos do Senhor", de Suas maravilhas e Seu cuidado conosco. Diferente do olhar para o passado com ressentimento, que nos amarga, nos aprisiona e nos retém; o olhar para o passado com coração grato nos lança para frente em "transiliência", nos faz perceber a graça de Deus sobre nós e nos faz transcender.

Sempre comentei que o tempo da pandemia não deveria ser chamado de isolamento social. Como seres criados à imagem e semelhança de Deus, somos relacionais e não podemos nos isolar. Sempre aconselhei chamar e viver o período de pandemia como tempo de recolhimento social, mas não de isolamento; de recolhimento em solitude para crescer ainda mais, para criativamente aprendermos a nos relacionar com Deus e o próximo de maneira mais profunda.

O apóstolo Paulo viveu isso. Quandoele escreveu aos Filipenses, ele estava preso. Ele considerou ambiente do cárcerecomo um recolhimento para solitude, e meio às dores, gratidão. Naquele tristeambiente e com todas as circunstâncias desfavoráveis, ele buscou umrelacionamento íntimo com Deus e trouxe à memória as histórias de pessoas quemarcaram sua vida. Lembrou com gratidão dos momentos com sua comunidade de fé,das vivências relacionais que permearam sua história na igreja em Filipos.Essas memórias lhe trouxeram satisfação e esperança, fortaleceram suaresiliência e o lançaram em transcendência. E assim ele inspirava e abençoavatantos com suas cartas, mesmo preso injustamente.

Assim como Deus usou minha filha para percebermos o tesouro de memórias que tínhamos dentro de casa com aqueles álbuns de fotos, permita que Deus use pessoas próximas a você para esse resgate e intencionalmente exercite a busca de boas memórias não apenas com saudosismo, mas com alegria e gratidão.

Você tem trazido boas recordações ou apenas tem colocado o foco da sua mente naquilo que é ferida? Se você tiver dificuldade para ter um coração grato, ore e peça: "Deus, trabalhe em minha mente e em minhas recordações. Ensina-me a ver o que há de bom. Dá-me um coração grato". Era isso que Paulo fazia. Quando ele se lembrava das pessoas, ele orava por elas com o coração grato. Quando temos um coração grato e quando oramos pelas pessoas, Deus transforma a nossa estrutura física e mental e nos dá condições físicas e emocionais para desenvolvermos resiliência. Vamos acrescentar gratidão à oração?

ORANDO A PALAVRA

Senhor, agradeço-te por Tua presença em minha vida, guiando-me para aquilo que é bom e agradável. Senhor, quero trazer à memória aquilo que me dá esperança. Retira de mim as amarguras e os ressentimentos. Conduz-me, Senhor, para lembranças de paz e alegria. Que eu possa ir além das minhas lutas. Que eu experimente enxergar a vida com o Teu olhar de amor.

DESAFIO

Que tal dedicar um tempo para buscar lembranças agradáveis? Retirar um álbum empoeirado ou fotos digitais perdidas no computador? Que tal provocar seus pais, seus filhos ou amigos para repetirem histórias agradáveis? Dedique tempo intencional ao resgate de memórias e seja grato a Deus por ter vivido cada uma delas.

DIA 4

TRANSBORDAR PARA NÃO AMARGAR

Agradeço a meu Deus toda vez que me lembro de vocês. Em todas as minhas orações em favor de vocês, sempre oro com alegria. (Filipenses 1:3-4)

No início da minha vida profissional, ainda muito jovem, trabalhei prestando consultoria para uma empresa familiar que chamou muito minha atenção por um detalhe: todas as vezes que alguém chegava a uma reunião e não cumprimentava adequadamente as pessoas que ali estavam, o Sr. Antônio, dono da empresa, com o seu sotaque português dizia: "Dormiste comigo? Tomamos café juntos hoje pela manhã?" Então a pessoa logo percebia seu lapso e cumprimentava um por um que estava ali. Mas a fala do Sr. Antônio não era uma fala de arrogância; pelo contrário, aquele senhor fazia questão de cumprimentar e falar com todas as pessoas que encontrava na empresa, desde a entrada até o momento em que chegava em sua sala.

Certa vez, em um bate papo informal, ele me disse que aquele hábito vinha de seu pai que dizia: "precisamos abençoar as pessoas para arrancar delas e de nós o melhor. Precisamos transbordar para não amargar". Essa frase era realidade na vida daquele homem e me marcou profundamente. Acompanhei aquela empresa em momentos difíceis e, independentemente da situação, o Sr. Antônio continuava lá, firme, desejando o melhor para cada pessoa, desde o estacionamento até a sua sala da presidência.

Paulo escreveu a carta aos Filipenses enquanto estava preso. Seria o ambiente propício para lamento, ressentimento e rancor. Entretanto, mesmo preso, em vez de amargar e deixar adoecer a alma, ele escolheu viver uma espiritualidade relacional transbordante, "transiliente". Ele foi além da resiliência e, mesmo em sofrimento, se lançou para fora de si mesmo. César poderia até colocá-lo em uma prisão e impedi-lo de falar com pessoas, mas não de falar com o Pai celestial sobre as pessoas.

O primeiro salto para além da resiliência feito por Paulo foi transbordar em relacionamento com Deus através da oração. Esse ato não era somente contemplativo, tampouco carregado de pedidos de solução para seu problema, mas objetivo no que diz respeito às pessoas. Suas orações eram repletas de amor e afeto por elas. Em vez de orações de amargura e lamento, eram orações intercessórias, pedindo a Deus o melhor por outras vidas.

Assim era a vida de Paulo após seu encontro com Jesus. Ele podia estar preso fisicamente, mas suas orações o conectavam com Deus e com as pessoas e transbordavam o melhor que ele tinha. Ele escolheu ter um relacionamento profundo com Deus, escolheu transcender e transbordar em oração.

Não existem limites geográficos, étnicos ou culturais para a oração. A oração nos tira de prisões físicas, emocionais e espirituais e nos leva a um patamar transcendente em que nos alinhamos aos movimentos de Deus na história, à providência divina.

Durante a pandemia causada pela COVID-19, o mundo todo esteve em isolamento social. Nesse período, muitas pessoas amargaram entre as quatro paredes de suas casas, mas outras conseguiram transcender em vida de oração, relacionamento familiar e atos de bondade por outras pessoas.

Talvez as quatro paredes que cercam você sejam as paredes físicas do seu quarto ou talvez sejam as paredes de situações que o aprisionam, como um luto, a perda de um emprego, os negócios que não andam ou relacionamentos em tempos difíceis. Que tal olhar para Deus e tentar extrair o melhor de si mesmo e dele? Já pensou em fazer uma lista de pessoas pelas quais você vai orar, priorizando diariamente um tempo para se relacionar com Deus em gratidão, adoração e intercessão por elas?

Quem quer ir além da resiliência coloca a oração como base na sua vida. Se você está desenvolvendo a sua espiritualidade e ainda não sabe como orar, você só precisa falar com Deus e abrir o seu coração para Ele.

O segundo ato que fez Paulo ir além da resiliência foi transbordar desejando as bênçãos de Deus sobre as pessoas. A felicitação com saudações de bênçãos é algo comum nas cartas do apóstolo. Desejar bênçãos sobre a vida de alguém, ao chegar ou sair, faz parte da vida de uma pessoa que aprendeu a transcender, de quem entendeu que, ao fazer isso, comunica a bênção divina sobre os outros e sobre si mesmo.

Sabemos que quem abençoa é Deus. Porém, nós somos recipientes das Suas bênçãos e portadores de Sua mensagem por meio de Cristo Jesus. Por isso, temos a autoridade e o dever, conferidos por Cristo, para compartilhar essas bênçãos da parte de Deus, com palavras e orações.

Ir além da resiliência é entender que desejar o melhor para o outro é tirar de si o melhor, por pouco que pareça, para se lançar adiante e não amargar. Felicitar bênçãos sobre outras pessoas é oferecer as sementes de bênçãos que temos em nós gerando um ambiente de multiplicação. Quando oferecemos o que temos, mesmo que o que tenha sobrado em nós seja apenas a voz para um "bom dia" ou um "Deus te abençoe", Deus multiplica em nós e nos outros o que doamos.

Infelizmente, na correria de nossos dias, na agenda atolada de tarefas e nas buscas por nossos prazeres individualistas, deixamos de orar pelas pessoas e, quando nos encontramos com elas, sequer olhamos nos seus olhos. A oração foi esquecida e o desejar bênçãos hoje é inimaginável. Até mesmo um "bom dia" se tornou rotina fria ou simplesmente foi trocado por um "oi" ou "olá".

Que tal começar esse hábito de desejar bênçãos para a vida das pessoas, com bênçãos vindas do fundo do coração? Não deseje mais um bom dia apenas por rotina, mas olhe nos olhos das pessoas e diga: "Tenha um bom dia!", ou "Deus te abençoe!", ou "Graça e paz!" ou, ainda, "Paz e bem". Enfim, não importa a forma, mas sim o desejo de seu coração de que vidas desfrutem do bem que você, mesmo em lutas, sabe que possui por meio da fé em Jesus Cristo. É um ato de fé em se lançar para fora de si mesmo, abençoando vidas, transcendendo e desenvolvendo "transiliência".

ORANDO A PALAVRA

Senhor, lanço-me em direção a ti em adoração e desejo diariamente abençoar as pessoas com as quais me relaciono. Comprometo-me a orar pelas pessoas que convivo e olhar nos olhos daqueles com quem me encontro e desejar bênção a cada um deles. Que meus lábios sejam lábios de bênção! Amém!

DESAFIO

Faça uma lista das pessoas do seu círculo de contato. O círculo de contato vai além dos amigos e colegas que convivemos. No círculo de contato estão pessoas que você talvez não saiba nem o nome, pois as vê rapidamente no elevador, no estacionamento ou nos corredores. Provavelmente você vai anotar assim: o rapaz do elevador, a senhora do estacionamento, a garota do financeiro. Ore por elas mesmo sem saber seus nomes. Agora, na primeira oportunidade que tiver, pergunte o nome delas. Diga: "sempre nos vemos, mas não sei seu nome". Comece a orar por elas nominalmente.

Já imaginou, a partir de agora, todas as vezes que você se encontrar ou despedir de alguém, dizer: "Deus abençoe sua vida!", ou "A graça e a paz de Jesus para você."? Acho que a pessoa vai tomar um choque! Quem sabe essa será a oportunidade para você falar de uma espiritualidade vibrante e de Jesus, o autor da graça e da paz.

DIA 5

GRATIDÃO E FELICIDADE

Agradeço a meu Deus toda vez que me lembro de vocês. Em todas as minhas orações em favor de vocês, sempre oro com alegria por causa da cooperação que vocês têm dado ao evangelho, desde o primeiro dia até agora. (Filipenses 1:3-5)

Conta-se que um velho mestre encontrou uma jovem triste pelo caminho. Ele parou, olhou para ela e deu uma caneca com água para ela segurar. Em seguida, pediu que ela enchesse a mão de sal, colocasse no copo de água e bebesse. Ela estranhou, mas viu serenidade e confiança naquele senhor, então bebeu um bom gole. Qual é o gosto? — perguntou o mestre. Horrível, disse a jovem com cara enojada. O mestre sorriu e pediu à jovem que enchesse a outra mão de sal e levasse ao lago que havia próximo. Caminharam em silêncio. A jovem agachou-se e jogou o sal no lago. Então o velho disse: agora beba dessa água. Enquanto a água escorria pelo queixo da jovem, o mestre perguntou: qual é o gosto? Ela rapidamente respondeu: bom, muito bom. Você sente o gosto do sal? — perguntou o mestre. Não! — disse a jovem. O mestre então exclamou: a dor na vida de uma pessoa não muda, mas o sabor da dor depende de onde a colocamos. Quando você sentir dor, a única coisa que deve fazer é aumentar o sentido de tudo o que está a sua volta. É dar mais valor ao que você tem do que ao que perdeu ou deixou de conquistar. Deixar de ser copo. Tornar-se lago.

O perfeccionismo, o controle e a autocrítica excessivos, o olhar restrito, a inveja e o excesso de exigências sobre nós são algumas das atitudes que nos fazem concentrar excessivamente a vida em nós mesmos, tornando-nos copos de sal que nos impedem de expandir e de experimentar os lagos e a beleza a nossa volta. Existe um elemento fundamental para nos ajudar a ir além da resiliência, amenizar ou até extinguir a nossa dor: a mentalidade de gratidão!

Em 2009, estive no interior de Moçambique em uma viagem missionária. Caminhamos em uma região semidesértica até a divisa com o Zimbabwe e acampamos em barracas perto de algumas tribos. Certo dia, eu e alguns homens fizemos uma caminhada mais longa, para visitar uma tribo bem próxima ao Monte Binga. Logo no início da jornada, fomos orientados pelo sábio e saudoso missionário Afonsil Rondon Flores: "não acabem com essa água, saboreiem cada gole sem desperdiçar nada, aproveitem cada gota, pois ainda teremos o caminho de volta". Lembro do retorno, já cansados. Cada gota de água que eu bebia tinha um sabor especial, uma sensação inexplicável. O pouco de água que restava me dava uma imensa sensação de gratidão, satisfação e contentamento.

Quando valorizamos o que temos com atitude de gratidão, direcionamos nossa mente, corpo e espírito para a absorção da vida à nossa volta com satisfação plena. O contentamento nos leva à expansão e transcendência para receber ainda mais. A reclamação e a murmuração bloqueiam corpo, alma e espírito e nos condicionam a uma vida miserável. A gratidão é um estado mental que pode ser exercitado.

A própria ciência já descobriu a existência de relação entre gratidão e boa saúde física e emocional. Publicações médicas demonstram que a gratidão tem relação direta com a felicidade e que pessoas gratas tendem a ser mais alegres e satisfeitas até mesmo em momentos difíceis[5]. A gratidão nos protege da inveja e do ressentimento, sentimentos que tiram a nossa alegria e afastam as pessoas de nós. A gratidão melhora a saúde e ajuda a construir relacionamentos mais fortes.

Você já deve ter conhecido pessoas que, mesmo doentes ou em momentos de luta, demonstraram gratidão. Lembro de visitar pessoas que, em um leito de hospital, agradeciam a Deus pelo cuidado que estavam recebendo. Com isso, tornavam o quarto hospitalar um lugar agradável e de bênçãos. Na experiência pastoral, tenho percebido que os enfermos que têm atitudes de gratidão são capazes de abençoar mais vidas mesmo em momentos de lutas. A gratidão revigora a alma e fortalece a saúde.

No texto aos Filipenses, vemos que, após entregar sua saudação àquela comunidade de fé, Paulo transborda espiritualidade e gratidão dizendo: "Agradeço a meu Deus toda vez que me lembro de vocês. Em todas as minhas orações em favor de vocês, sempre oro com alegria por causa da cooperação que vocês têm dado ao evangelho, desde o primeiro dia até agora" (Fp 1:3-5).

Paulo estava preso ao escrever essa carta. Ele poderia começar com lamúrias e reclamações, mas, mesmo vivendo um período de adversidade, ele inicia o texto com gratidão. Ele procura expandir, transcender em seu relacionamento com o Criador, desenvolvendo ainda mais sua espiritualidade. E

---

[5] EMMONS, Robert A.; MCCULLOUGH, Michael E. *Counting blessings versus burdens*: An experimental investigation of gratitude and subjective well-being in daily life. Journal of Personality and Social Psychology, Vol 84(2), Feb 2003, 377-389. Disponível em: https://psycnet.apa.org/buy/2003-01140-012.

Paulo faz isso no seu relacionamento com o próximo, usando o recurso que ele tinha em mãos: escrever cartas. Paulo olha para si, olha para o que tem e transforma seus poucos recursos em uma janela de oportunidades para abençoar vidas, continuar na cooperação ao evangelho e, por consequência, aproximar-se de Deus e trazer bênçãos sobre si próprio. Ele tira o foco de sua condição pessoal momentânea e, movido por uma imensa gratidão, permite-se ser lago e não apenas um copo cheio de sal.

Ir além da resiliência tem a ver com essa capacidade de se expandir e não de se concentrar. Ao receber impacto, o material que não se expande, racha. Estruturas rígidas racham; estruturas flexíveis se expandem e não quebram. Quando a nossa gratidão envolve a oração, não somente somos resilientes para absorver os impactos da vida, mas transcendemos para um novo patamar.

A oração de hoje é para expandir, transcender, olhar para fora e valorizar tudo que está à sua volta; tirar a água de sal da caneca e lançá-la ao lago para bebê-la em expansão; degustar as poucas gotas da garrafa quase vazia, com alegria e satisfação; olhar para além de uma situação indesejada; pulverizar a dor em meio às bênçãos que já estão ao seu lado e se tornar maior; olhar para além de si mesmo, fortalecendo-se e sendo grato em seu relacionamento com o Criador, com as pessoas e com a criação; tornar-se lago.

ORANDO A PALAVRA

Senhor, prostro-me a ti em adoração e louvores. Peço-te que abra os meus olhos para expandir e ver a Tua graça, Teu favor imerecido sobre mim em tudo que está à minha volta. Permite-me degustar e me satisfazer com as coisas simples da vida que estão graciosamente ao meu alcance. Amém!

DESAFIO

Faça uma lista de coisas e pessoas boas que estão por perto de você. Por mais simples que pareça para você, anote. Coloque esta lista no bolso e ande com ela durante a próxima semana. Todos os dias, ao orar, agradeça a Deus por elas. Surgirão novas coisas que Deus irá lhe mostrar. Anote cada uma.

DIA 6

GRAÇA E GRATIDÃO: JUSTIÇA QUE CURA E FAZ ALÇAR VOOS

Estou convencido de que aquele que começou boa obra em vocês, vai completá-la até o dia de Cristo Jesus. É justo que eu assim me sinta a respeito de todos vocês, uma vez que os tenho em meu coração, pois, quer nas correntes que me prendem quer defendendo e confirmando o evangelho, todos vocês participam comigo da graça de Deus. Deus é minha testemunha de como tenho saudade de todos vocês, com a profunda afeição de Cristo Jesus. (Filipenses 1:6-8)

Visitei algumas vezes a sinagoga de Curitiba, enquanto fazia um curso de hebraico na UFPR. A frase de um rabino me marcou profundamente em um dos encontros que tivemos ali. Ele disse: "aquele que desfruta de um bem qualquer deste mundo sem dizer antes uma oração de gratidão ou uma bênção, comete injustiça".

Na época, eu não conseguia entender qual era a relação entre gratidão e justiça. Depois, já no mestrado em Teologia, descobri que essa frase é comum na tradição judaica e que, para os judeus, gratidão a Deus e ao próximo é o mínimo que se pode fazer para o estabelecimento da justiça, pois justiça é dar ao outro o que lhe é de direito, é reconhecer o mérito de alguém ou de algo.

A gratidão quando está aliançada com a graça (favor imerecido) é algo muito maior que um simples obrigado. É uma atitude do coração que nos cura e nos protege do ressentimento, da inveja e de outros sentimentos que tiram a nossa alegria e nos afastam de Deus e das pessoas. O livro de Hebreus aborda justiça e gratidão, expressando o caráter de Deus. Hebreus 6:10 diz: "Deus não é injusto; ele não se esquecerá do trabalho de vocês e do amor que demonstraram por ele, pois ajudaram os santos e continuam a ajudá-los" (Hb 6:10). Esse texto associa a justiça de Deus com gratidão e o próprio Deus é grato por aquilo que fazemos. Por outro lado, a ingratidão é comparada à injustiça.

Lembro-me de uma pessoa que acompanhei pastoralmente, que não conseguia perdoar o pai por causa de uma situação de adultério e, por isso, guardou grande mágoa por muito tempo. Nas várias conversas que tivemos, eu percebia que ela não conseguia nem ao menos ter boas lembranças do pai, já falecido. Um bloqueio na memória de gratidão havia acontecido. Comecei a ajudá-la na conscientização da graça de Deus sobre ela e a trazer à memória as virtudes de seu pai e a valorizá-las. Ela já era uma pessoa resiliente, entretanto, Deus tinha muito mais para ela. Como exercício para que ela fosse além da resiliência, pedi que começasse com um coração cheio da graça, a orar e pedir a Deus que trouxesse momentos agradáveis em sua memória, vividos com seu pai. Aos poucos foram surgindo memórias do pai servindo às pessoas intensamente; de um pai hospitaleiro e generoso; de um pai trabalhador; um pai zeloso com a educação dos filhos e tantas outras virtudes que estavam abafadas. O coração daquela pessoa foi se aquecendo e conseguiu liberar perdão, podendo testemunhar: "Agora lembro do meu pai com alegria. Sim, fui muito machucada, mas estou conseguindo ver coisas boas na vida de meu pai. Para além do erro, existia nele um coração maravilhoso. Eu o perdoo".

O que aconteceu ali é que a gratidão pelos momentos vividos efetuou justiça e a justiça produziu libertação. Aquela pessoa conseguiu perdoar e foi liberta de uma ferida da alma por meio das memórias de gratidão. Não bastava para ela a resiliência de ter passado todas as lutas com o pai, ela precisava mais que resiliência. Ela precisava transcender e avançar para além da resiliência.

Paulo, ao escrever a carta à comunidade de Filipos, poderia trazer à memória os momentos de dor que ele sofreu naquela cidade. Em Filipos, ele foi preso injustamente após ter sido usado por Deus para libertar uma jovem escrava de espíritos malignos (veja Atos 16:16-18). Os homens que usavam e abusavam daquela jovem para obter lucros promoveram um motim público e levaram Paulo e seu companheiro Silas para serem açoitados nus, em praça pública, e depois lançados em uma prisão (veja Atos 16). A experiência era digna de feridas de ressentimento e amargura. Além disso, aquela comunidade de fé abrigava pessoas que, à época dos acontecimentos, provavelmente também estavam em praça pública se alegrando com o espetáculo de tortura.

> *Apesar de tudo, Paulo olha para essas pessoas com o olhar da graça* — **favor imerecido** — *e é por isso que ele escreve: "...os tenho em meu coração, pois, quer nas correntes que me prendem quer defendendo e confirmando o evangelho,* **todos vocês participam comigo da graça de Deus**. *Deus é minha testemunha de como tenho saudade de todos vocês, com a profunda afeição de Cristo Jesus"*
>
> (Fp 1:7-8 — ênfase adicionada pelo autor).

Paulo sabia o que era a graça, ele já tinha experimentado esse favor imerecido de Deus. Agora ele olha para aquela comunidade com este mesmo olhar gracioso. Ele diz: "todos vocês participam comigo da graça de Deus". É por isso que as Escrituras falam em trazer à memória o que dá esperança. Falam em olhar para o passado com o olhar perdoador da graça para resgatar o melhor de nós mesmos e melhor das pessoas para, então, nos lançarmos para o futuro em esperança. "Estou convencido de que aquele que começou boa obra em vocês, vai completá-la até o dia de Cristo Jesus" (Fp 1:6). Esse resgate do melhor das pessoas desenvolve em nós afeto e desejo de prosperidade sobre a vida do outro.

Paulo, após trazer à memória o que dá esperança, transborda afeto. Ele diz: "os tenho em meu coração [...]. Deus é minha testemunha de como tenho saudade de todos vocês, com a profunda afeição de Cristo Jesus" (1:7-8). Paulo, ao trazer memórias de gratidão, se torna capaz de perdoar e com isso produz justiça em sua vida e, ao produzir justiça, ele encontra paz, libertação e esperança.

Guardar memórias de gratidão, mesmo daquelas pessoas que nos feriram (graça), e expressá-las, ainda que por simples gestos, nos lança para frente, nos faz avançar e não amargar. A gratidão às pessoas produz justiça. A justiça traz esperança. A esperança traz afeto e desejo de que Deus complete a obra na vida daqueles com os quais nos relacionamos.

Se não reconhecermos a graça de Deus sobre nós, pois não somos melhores que os outros, não conseguiremos avançar para além da resiliência. As dores e as feridas da vida, por mais que tenhamos passado por elas resilientemente, se não forem cicatrizadas, e encharcadas de graça e gratidão, serão alimento para isolamento, solidão, relacionamentos disfuncionais e até para perseguições espirituais. Precisamos olhar para o passado com o olhar da graça, do perdão e da gratidão para que Deus cure nossas feridas e traga libertação.

ORANDO A PALAVRA

Senhor, concede-me um coração cheio da sua graça (favor imerecido). Faze-me lembrar de momentos bons que vivi com a minha família e com as pessoas que me relacionei. Ajuda-me a ver aquilo que foi positivo nelas. Abre meu coração para o perdão, a graça e a gratidão.

DESAFIO

Envie uma mensagem para alguém que você se vê distante, para dizer o quanto é grato pela vida dele. Que tal fazer uma lista de gratidão por pessoas da sua família, líderes e chefes que você não vê há tempo? Quem sabe esse seja o momento de olhar para dentro de si e fazer uma oração, dizendo: "Deus, traga-me à memória o lado bom das pessoas com quem me relacionei.". Sei que pode parecer difícil caso você tenha tido experiências ruins, mas é o momento de trazer à memória aquilo que dá esperança.

SHABAT

O DESCANSO NO SENHOR

A pandemia acelerou o trabalho home office e o uso constante dos celulares para resolver questões profissionais. Isso fez com que a fronteira entre o trabalho e o descanso fosse rompida. Com a facilidade do celular à mão, as pessoas trabalham vinte e quatro horas. A todo instante, estão ansiosas por uma mensagem do cliente que chegou, da equipe que está trabalhando em outro turno e do fornecedor que fez uma pergunta. Isso tem gerado um quadro de confusão que se reverte em estresse e ansiedade.

Nossa estrutura como seres humanos encontra perfeito equilíbrio quando temos as pausas para o descanso que geram reflexão e alinhamento físico, emocional e espiritual. O próprio Deus, no relato do Seu grande trabalho de criação do universo, revela pausas para contemplação e desfrute. A narrativa de Gênesis revela Deus criando o mundo em seis dias. Deus, em Sua soberania, poderia ter criado o universo todo em um estalar de dedos, entretanto, ele preferiu um processo gradativo. Para cada dia, Ele tinha uma finalização quando desfrutava da Sua criação com expressões de satisfação por aquilo que havia criado. O texto de Gênesis, ao final de cada dia de criação, diz: "E Deus viu tudo o que havia feito, e tudo havia ficado muito bom" (Gn 1:31). A cada dia, o Criador desfrutava daquilo que havia criado. Esse também é o objetivo deste livro, ao propor meditações diárias: que você tenha pausas para descansar e refletir na presença de Deus.

Deus ainda separou um dia inteiro para o descanso. O *Shabat*. O *Shabat* é um chamado a estar na presença de Deus, em descanso. Uma grande quebra na rotina, declarando que Deus está no controle e que podemos parar para desfrutar do Seu cuidado.

A maioria dos cristãos consegue separar o domingo para o descanso. Meu convite é que você, a cada semana, separe um dia para o descanso, reflexão e relacionamentos significativos com outras pessoas; para buscar desfrutar aquilo que Deus fez em nós e através de nós após uma semana de trabalho e dedicação. Não deixe que nada tumultue seu dia e se dedique a estar sintonizado com a presença de Deus.

Até aqui, os princípios que aprendemos com Paulo em Filipenses nos levaram a refletir sobre uma espiritualidade vibrante que se revela por meio da graça de Deus sobre nós e nos capacita para um relacionamento com Deus significativo, para uma gratidão que produz justiça e felicitações de bênçãos às outras pessoas.

Refletimos sobre a importância da gratidão no dia a dia, quando nos expandimos para vibrar com a beleza e simplicidade de tudo que está à nossa volta. Também sobre as memórias de gratidão que fazem ressignificar o nosso passado, trazendo cura e libertação para nos lançar novamente para o futuro em amor e afeto pelas pessoas. E, ainda, sobre desejar bênçãos sobre outros, com a intenção sincera de tirar o melhor de si para abençoar vidas e oportunizar às pessoas conhecer Jesus, o autor da graça e da paz.

Reforço o exemplo das pessoas que vi encontrarem paz, cura e libertação mesmo estando em uma cama de hospital. Pessoas que, quando eu entrava no quarto para visitá-las, antes que eu desse uma saudação cristã ou um bom dia, elas se antecipavam e diziam: "Bom dia pastor! A Paz do Senhor, pastor!'". Depois, quando conversávamos, eram gratas pela enfermeira, pelo hospital e até pela simples sobremesa servida. Vi nessas pessoas o desejo de se lançarem para fora, de irem além da resiliência, de transcenderem.

Minha oração para você que está comigo nessa jornada de crescimento é que também desenvolva essa capacidade resiliente de avançar para um novo patamar. Creio que o Espírito Santo já está agindo em sua vida para lhe arrancar de quatro paredes e colocar em liberdade. Para isso, lhe convido a exercitar sua resiliência refletindo nas perguntas abaixo.

1. O que você tem para agradecer sobre seus pais? Sobre seus relacionamentos profissionais, sobre os chefes que teve ao longo de sua vida?

2. Quais são suas memórias de gratidão?

3. Você tem transmitido bênçãos sobre a vida de quem convive contigo?

4. Separe seu dia de descanso para ter contato com a criação de Deus e com as pessoas que você ama.

SEMANA 2

ÁGAPE E O SENTIDO DA VIDA

DIA 1

AMOR TRANSBORDANTE

Esta é a minha oração: **que o amor de vocês aumente cada vez mais....** (Filipenses 1:9)

A cama elástica era um dos brinquedos em que meus filhos mais gostavam de se divertir quando eram menores. Ainda me recordo dos risos e gargalhadas deles enquanto pulavam e faziam suas acrobacias.

Quando vemos as crianças se divertindo na cama elástica, não pensamos no estresse que aquele material está absorvendo e reagindo com impulso para que as crianças saltem e se divirtam ainda mais. Se a cama elástica pudesse falar, creio que ela nos diria o quanto é sacrificial proporcionar alegria e satisfação aos outros. A cama elástica é um exemplo de resiliência.

Agora vamos pensar em nós e na resiliência. Será que somos capazes de proporcionar alegria, afeto e bem-estar para outras pessoas tendo que agir sacrificialmente ou mesmo em momentos que estamos vivendo lutas e dificuldades? Era isso que Paulo fazia. Mesmo em meio às lutas que estava passando, ele tornava cada impacto sobre si uma plataforma para levar ainda mais longe aqueles que o amavam. As quatro paredes da prisão não o seguravam, mas o levavam a prosseguir e juntamente com ele todos os que participavam de seu sofrimento (veja 2 Timóteo 2:3).

A carta de Paulo aos Filipenses é carregada dessa explosão de afeto, amor e alegria, mesmo ele estando em sofrimento. Ele tinha o amor de Jesus derramado sobre sua vida e isso o tornava capaz de o levar para fora das suas dores e ajudar a conduzir outros para fora de suas lutas. Paulo era capaz de ir além de si mesmo em direção a Deus e aos outros em oração e intercessão. Esta é uma virtude que nos lança para além da resiliência: amar afetuosamente mesmo em meios às dificuldades da vida.

É essa virtude que Paulo pede a Deus. Ele pede espírito afetuoso e coração amoroso para aquela comunidade. Paulo sabia que, para os enfrentamentos da vida, não existe nada mais poderoso do que o amor.

É importante lembrar que, antes de conhecer Cristo, Paulo era um rígido religioso que, com autoridade militar, perseguia os cristãos. Porém, após ter o amor de Cristo derramado sobre sua vida, tornou-se um homem afetuoso e preocupado com o bem-estar das pessoas. Ele foi quebrantado quando foi encontrado pela graça e pelo amor de Jesus na estrada de Damasco. Após essa experiência de graça e amor, ele quebrou as barreiras da religião que traziam peso para si e o tornavam algoz daqueles que pensavam diferente. Após sua conversão, sua paixão por causas religiosas e políticas se transformou em paixão por Cristo e consequente afeto pelas pessoas. Somente após essa experiência é que ele ora a Deus: "Que o amor de vocês aumente cada vez mais..." (Fp 1:9).

Ele poderia começar sua oração pedindo prosperidade, pois a maioria daquelas pessoas era pobre; ou poderia pedir livramento, já que aquela comunidade estava vivendo perseguição. Mas ele orou pedindo amor, a força mais poderosa que podemos ter. Não falo aqui sobre um amor romantizado e piegas, mas sobre o mesmo amor que Jesus demonstrou, que nós precisamos desenvolver e que nos faz enfrentar momentos de dificuldades e perseguição.

Os gregos deixavam claro por palavras diferentes os vários tipos de amor. O primeiro é o amor *phileo* que representa a amizade e a afinidade. Depois, o amor *eros* que tem ligação com os desejos físicos, as paixões e com a sexualidade. E o terceiro é *ágape*. A Bíblia usa muito a palavra ágape ao mostrar o amor de Jesus e é esse tipo de amor que Paulo fala que é resiliente e capaz de absorver as lutas, pois sofre, suporta e nos lança para frente em "transiliência".

Se você nunca leu 1 Coríntios 13, aconselho-o a ler. É uma linda poesia sobre o amor e revela sua plenitude não somente resiliente, mas "transiliente", pois não só é capaz de absorver (sofrer e suportar), mas também de crescer, pois "não se alegra com a injustiça..." (v.6). Esse é o amor que devemos transbordar.

O paradigma do amor para Paulo não era mais o da Lei e dos profetas, que estabelecia o amor-próprio como padrão, mas sim um outro muito mais elevado (veja Marcos 12:28-34). Agora seu paradigma para o amor era o estabelecido por Jesus, visto que Jesus e o Seu sacrifício se tornam o modelo para amar: "O meu mandamento é este: Amem-se uns aos outros como eu os amei. Ninguém tem maior amor do que aquele que dá a sua vida pelos seus amigos" (Jo 15:12-13). Suas cartas repetirão esse novo modelo como um alerta para não se perder o foco: "vivam em amor, como também Cristo nos amou e se entregou por nós como oferta e sacrifício de aroma agradável a Deus" (Ef 5:2). Era esse amor que ele queria que transbordasse sobre a vida daquelas pessoas. A Lei e os profetas no Antigo Testamento ainda não tinham a revelação e o paradigma de Cristo, o amor vivo entre nós, por isso a referência para eles era o amor-próprio. Mas, após a vinda de Jesus, o arquétipo do amor encontra o seu real sentido naquele que é o amor vivo. É por isso que Jesus diz: "Um novo mandamento dou a vocês: Amem-se uns aos outros. Como eu os amei, vocês devem amar-se uns aos outros" (Jo 13:34). Se alguém lhe pedir uma definição de amor, apresente-lhe a pessoa de Jesus e Sua *obra na cruz*.

O amor ao qual Paulo se refere não é o amor-próprio, pois este pode ser egoísta, além de que muitas pessoas não conseguem sequer amar a si mesmas. O verdadeiro amor que é revelado em Jesus Cristo nos lança para Deus e para as pessoas, nos leva a transcender. No amor de Jesus sobre nós, aprendemos a não somente absorver as lutas, mas também sermos capazes de nos lançar para frente, crescer e transcender, viver amor "transiliente".

Você ama as pessoas baseado no seu próprio amor limitado, ou tem buscado amar as pessoas como Jesus amou?

Se você quiser conhecer Jesus mais intimamente, eu lhe convido a ler as Escrituras. Escolha um dos quatro evangelhos: Mateus, Marcos, Lucas ou João. À medida que for lendo, escreva o que é o amor a partir do que você está conhecendo sobre Jesus naquele texto. Então você poderá dizer: "Eu quero amar como Jesus amou". A essência do viver para além da resiliência está no amor pleno, em Jesus!

ORANDO A PALAVRA

Senhor, desejo conhecer-te cada vez mais. Quero saber mais sobre o Teu amor, sobre como Tu te relacionavas com o próximo quando viveu entre nós, sobre como amaste tanto a ponto de te entregares na cruz. Desejo saber sobre como até hoje me amas de um modo incondicional. Senhor, que o Teu imenso amor seja o meu modelo de amor e que a cada dia o Teu reflexo possa ser visto em mim. Amém!

DESAFIO

Medite sobre o amor sacrificial de Jesus na cruz do Calvário entregando a vida por você, mesmo você não sendo merecedor. Pense em alguém que por algum motivo você poderia dizer que essa pessoa não merece seu amor. Agora transcenda em um exercício de amor e compre um presente ou faça algo de especial para essa pessoa.

DIA 2

CONEXÃO GERA TRANSFORMAÇÃO

Esta é a minha oração: Que o amor de vocês aumente cada vez mais em conhecimento e em toda a percepção, para discernirem o que é melhor, a fim de serem puros e irrepreensíveis até o dia de Cristo. (Filipenses 1:9-10)

O acesso à internet ajudou a maioria da população mundial a se manter conectada com parentes e amigos durante os períodos de isolamento social gerados pela pandemia. Entretanto, embora a internet fosse tão importante nesse período, mais de 40% da população mundial só conseguia algum tipo de conexão visual ou mensagem digital buscando cibercafés ou emprestando equipamentos de amigos[1].

O apóstolo Paulo, nos períodos em que foi perseguido ou preso, usou o correio romano para se comunicar incessantemente com as pessoas e com as igrejas. Ele não permitiu que o distanciamento o isolasse de quem amava. Paulo transformou seu período de isolamento social em recolhimento para intensificar o relacionamento com Deus em oração e intercessão pelas pessoas.

Não somos criados para o isolamento. Precisamos de solitude, mas nunca de solidão. Somos seres relacionais assim como Deus, que é Trino, é. Por isso, a solidão nos consome e nos deprime.

---

[1] Disponível em: https://www.cnnbrasil.com.br/tecnologia/2020/06/09/quase-metade-do-mundo-esta-passando-pela-pandemia-sem-internet.

O apóstolo estava impedido de falar com as pessoas, mas não estava impedido de falar com Deus sobre as pessoas. Sabemos que não existem barreiras geográficas para a oração. A oração toca o mundo todo e todo o mundo de alguém. Mas a oração não toca somente a Deus e as pessoas, ela nos toca, ela nos conecta. Somos criados para conexão. Assim como Deus é Trindade, Deus é comunidade. Ao sermos criados à imagem e semelhança dele, fomos criados também para conexão com Deus e com as pessoas. A oração intercessória nos conecta a Deus e ao próximo, nos leva a crescer e transcender.

Crescemos e somos transformados quando oramos por outras pessoas. Se orarmos e clamarmos por justiça, por crianças em situação de risco ou por causas como o combate à corrupção, que tira dinheiro da saúde e da educação destruindo tantas vidas, nosso coração será moldado e seremos transformados em pessoas melhores. Esse alinhamento com o coração do Pai Celestial por meio da intercessão gera transformação; leva-nos a transcender e viver a dimensão do milagre da transformação em nós e nos outros! Foi nesse sentido que Paulo orou por aqueles irmãos, para que eles se desenvolvessem "em conhecimento e em toda a percepção, para discernirem o que é melhor, a fim de serem puros e irrepreensíveis até o dia de Cristo" (Fp 1:9-10).

Talvez você esteja lendo esse livro porque há pessoas intercedendo por você, sem que ao menos você saiba. Você já se perguntou onde estaria se não houvesse pessoas orando por você? Quais emoções negativas você iria desenvolver se estivesse no vácuo espiritual da falta da oração?

A oração é o combustível para a espiritualidade e para nos levar para além da resiliência, pois abre os olhos de quem ora, gera força, sabedoria e revelação para irmos em direção à vontade de Deus. Observe esta oração de Paulo: "Peço que o Deus de nosso Senhor Jesus Cristo, o glorioso Pai, lhes dê espírito de **sabedoria** e de **revelação**, no pleno conhecimento dele" (Ef 1:17 — ênfase adicionada pelo autor). É por isso que, quando oramos por outras pessoas, por causas sociais e nações, devemos fazer isso com a "caneta na mão", para anotar e fixar as ações e decisões que, com certeza, o Espírito Santo trará à nossa mente e que precisaremos tomar sobre nós mesmos, gerando crescimento próprio e nos outros. Conexão gera transformação!

A intercessão gera conexão com pessoas, lugares e princípios eternos que, por sua vez, geram vida. Crescemos em amor a Deus, às pessoas e aos lugares pelos quais oramos. Passaremos a amar e gostar daqueles pelos quais oramos. Passaremos a amar e gostar daquilo pelo que oramos.

O estágio mais profundo de conexão com Deus, que gera crescimento por meio da intercessão, é a oração pelos nossos inimigos. Jesus diz o seguinte: "Amem os seus inimigos e orem por aqueles que os perseguem, para que vocês venham a ser filhos de seu Pai que está nos céus. Porque ele faz raiar o seu sol sobre maus e bons e derrama chuva sobre justos e injustos. Se vocês amarem aqueles que os amam, que recompensa vocês receberão?..." (Mt 5:43-46). O nível de conexão apresentado nessas palavras de Jesus é o da filiação. Ele declara: "orem por aqueles que os perseguem, para que **vocês venham a ser filhos de seu Pai que está nos céus**" (ênfase adicionada pelo autor). Nosso mais alto nível de conexão se dá quando renunciamos à mágoa e do ressentimento, agimos com graça e misericórdia como o Pai Celestial e pedimos o bem até de nossos inimigos, com orações desejosas de que eles sejam salvos e possam estar conosco na eternidade (veja 1 Timóteo 2:1-4; Romanos 10:1).

Você tem conseguido desejar o bem para outras pessoas, mesmo quando alguém lhe faz mal? Sei que é muito difícil, principalmente quando somos ofendidos, abusados ou rejeitados, mas precisamos buscar forças em Deus e pedir para que Ele nos ajude nessa missão.

Paulo orava para que aquela comunidade transbordasse em amor. A oração dele era: "que o amor de vocês aumente cada vez mais em conhecimento e em toda a percepção, para discernirem o que é melhor, a fim de serem puros e irrepreensíveis até o dia de Cristo, cheios do fruto da justiça, fruto que vem por meio de Jesus Cristo, para glória e louvor de Deus" (Fp 1:9-11).

Devemos orar pelas pessoas à nossa volta, começando por nossa família, amigos, colegas e vizinhos. Você tem intercedido por pessoas? Por causas sociais? Por nações? Talvez por um bairro da cidade? Já pensou em se tornar um intercessor por um bairro na sua cidade que tem um número alto de suicídio, de violência contra mulher ou de crianças em situação de risco? Por missionários? Por autoridades?

Meu convite é para que você cresça em conexão e se torne um intercessor, indo além da resiliência, em "transiliência".

ORANDO A PALAVRA

Senhor, agradeço-te por teres escolhido agir na história e na vida das pessoas através da minha oração. Graças te dou por teres me feito um ser relacional, que precisa do Senhor e das pessoas. Desejo me relacionar com os outros e contigo não de forma superficial, mas com amor profundo. Faz-me sensível às necessidades de outros para que minhas orações também sejam de intercessão pelo meu próximo, mesmo meus inimigos, e por lugares, instituições e causas. Que a minha vida e minhas orações sejam usadas para gerar transformação! Amém.

DESAFIO

Identifique as necessidades reais de onde você mora. Talvez você more em um condomínio e não conheça a realidade de seu bairro. Que tal colocar na agenda um dia para caminhar no seu bairro? Que tal pesquisar na internet as carências de seu bairro? Que tal fazer isso por sua cidade?

Identifique as necessidades reais de pessoas que você convive. Talvez alguém que trabalhe para ou com você. Talvez um vizinho.

Agora coloque na sua pauta de oração a intercessão por pessoas, causas sociais e localidades.

DIA 3

ORAÇÃO INTERCESSÓRIA: EMPATIA, ALTERIDADE E AFETO

Esta é a minha oração: Que o amor de vocês aumente cada vez mais em conhecimento e em toda a percepção, para discernirem o que é melhor, a fim de serem puros e irrepreensíveis até o dia de Cristo, cheios do fruto da justiça, fruto que vem por meio de Jesus Cristo, para glória e louvor de Deus. (Filipenses 1:9-11)

"**D**e onde vêm as guerras e contendas que há entre vocês?..." (Tg 4:1). Você já fez essa pergunta a si mesmo ou a outra pessoa em momentos conturbados? Essa é uma pergunta chave para quando estamos angustiados, ansiosos e, principalmente, quando nos deparamos com explosões emocionais de ira, briga, rixa e partidarismos.

Tiago, ao lançar tal pergunta, traz também a resposta: "Não vêm das paixões que guerreiam dentro de vocês?". A Bíblia nos chama a olhar para dentro de nós mesmos, a olhar para nossos desejos e paixões, descobrir o que nos move.

Em seguida, as Escrituras afirmam: "Vocês cobiçam coisas, e não as têm; matam e invejam, mas não conseguem obter o que desejam. Vocês vivem a lutar e a fazer guerras. Não têm, porque não pedem. Quando pedem, não recebem, pois pedem por motivos errados, para gastar em seus prazeres" (Tg 4:2-3).

Fala-se muito sobre oração. Apresentam-se tipos de oração. Prega-se sobre o poder da oração. E cobra-se muito sobre investir tempo em oração. Tudo isso é verdadeiro e necessário. Porém, a oração é apenas um canal daquilo que somos e desejamos em direção ao Criador. O texto de Tiago 4:2-3, sobre o que refletimos acima, mostra que muitas vezes a oração pode ser somente um canal de reforço de nosso egoísmo e de idolatrias hedonistas e materialistas.

Por outro lado, as Escrituras Sagradas nos chamam à oração desprovida de interesses egoístas e idolátricos. Ela nos ensina a base da resiliência e "transiliência", que é a capacidade de lançar-se para fora, primeiro em direção a Deus e, em seguida, em direção aos outros. As Escrituras nos ensinam a orar em busca de um relacionamento com Deus que nos leve a encontrar em nós mesmos aquilo que nos lança para Ele, e não para nossos próprios desejos egoístas.

Deus é soberano e poderoso para realizar todas as coisas, mas ainda assim decidiu nos tornar cooperadores em Sua obra. Ele deseja gerar em nós crescimento e um propósito de vida que vai além de olhar apenas para nós mesmos. Isso é possível através da oração, principalmente através da oração intercessória, que é a oração pelas outras pessoas[2].

É isso que o apóstolo Paulo escreve na carta aos Filipenses: "Em todas as minhas orações em favor de vocês, sempre oro com alegria" (Fp 1:4).

Ao interceder pelos irmãos da comunidade de Filipos, Paulo estava seguro de que eles também oravam a Deus por ele, quando afirma: "...sei que o que me aconteceu resultará em minha libertação, graças às orações de vocês e ao auxílio do Espírito de Jesus Cristo" (Fp 1:19).

---

[2] Interceder é se colocar em ação favorável entre uma pessoa e outra ou entre uma pessoa e uma causa. Isso ocorre com um advogado que intercede ao juiz por alguém ou por uma causa.

Paulo sabia que as intercessões da comunidade de fé da cidade de Filipos e a presença de Jesus eram em seu favor e isso o fazia crer que ele poderia ser liberto. Suas orações intercessórias pelas pessoas o libertavam antes de sair das correntes. Suas conexões com os irmãos de fé lhe davam convicção da providência de Deus em seu favor e lhe traziam esperança e paz.

Orar por alguém e desejar o melhor para essa pessoa é uma demonstração de amor que gera empatia e alteridade. Oramos porque somos impelidos a amar, e não necessariamente porque gostamos de estar com certas pessoas. Na oração por pessoas que muitas vezes não gostamos de seu jeito, desenvolvemos a alteridade, ou seja, reconhecemos o outro como pessoa também criada à imagem e semelhança de Deus e que amá-las não é querer mudá-las para que nos agradem, mas é querer que elas vivam plenamente como filhas de Deus. Na oração intercessória, desenvolvemos também empatia, à medida que Deus mesmo vai nos revelando a dor do outro e nos levando a um coração humilde e sensível à dor dos que sofrem.

Assim como somos amados por Deus sem existir em nós mérito para isso, oramos pelas pessoas sem esperar delas algo em troca. Orar desenvolve em nós afeto, pois nos conecta com a graça e a misericórdia de Deus. Orar é alinhar nosso coração ao coração do Pai Celestial. Como escreveu João Calvino, interceder pelos homens é a maneira mais poderosa e mais prática de expressar o nosso amor por eles[3].

---

[3] BICKLE, Mike. *Growing in Prayer: A Real-Life Guide to Talking with God.* Zondervan, 2014: p. 208.

Não conseguiremos estar próximos ou ajudar todas as pessoas, mas conseguiremos orar por muitas pessoas. O nosso coração precisa ser aquecido com amor e, com esse amor sendo aquecido através da oração, alinhamos nossas paixões e desejos ao coração de Deus.

As Escrituras dizem que Deus "deseja que todos os homens sejam salvos e cheguem ao conhecimento da verdade" (1Tm 2:4). O Pai Celeste nos coloca como cooperadores para amar como Ele. Quando intercedemos por aqueles que sofrem e principalmente pela salvação das pessoas, estamos sintonizando o nosso coração ao coração do Pai Celestial. Tornamo-nos intercessores. Interceder é sinceramente se alegrar antecipadamente pelo outro, é uma demonstração de empatia e alteridade. Eu vejo o outro como pessoa criada à imagem e semelhança de Deus, eu me coloco no lugar do outro e recorro a Deus.

Deus, em sua providência, escolheu agir na história em resposta às orações de Seu povo. Deus quer nos tirar de posturas físicas e mentais fechadas e nos levar para posturas de abertura e receptividade. Ele quer nos tirar dos braços cruzados e nos colocar de braços e mentes abertas para o outro e para Ele. Se vivermos com gratidão, generosidade e intercessão sincera pelo bem comum, então andaremos de braços abertos prontos também a receber.

No texto de, Jesus diz assim: "Não julguem e vocês não serão julgados. Não condenem e não serão condenados. Perdoem e serão perdoados. Deem e será dado a vocês: uma boa medida, calcada, sacudida e transbordante será dada a vocês. **Pois à medida que usarem também será usada para medir vocês**" (Lc 6:37-38 — ênfase adicionada pelo autor).

A mesma régua que nós usamos para medir os outros também será usada para nos medir, portanto, devemos interceder até pelos inimigos. Jesus nos ensinou isso para que pudéssemos alçar voos para além da resiliência, avançar e ser "transilientes". Você tem sido persistente em interceder por pessoas em suas orações?

ORANDO A PALAVRA

Senhor, minha oração hoje é para que meu coração esteja alinhado ao Teu. Ensina-me a orar com coração puro, a sinceramente desejar e clamar pela Sua vontade na vida daqueles que amo e daqueles que preciso aprender a amar. Livra-me de fazer as orações egoístas e coloca em minha boca a oração intercessória por tantos que precisam. Ensina-me a chorar com os que choram! Abre meu coração para isso!

DESAFIO

Pensando nos textos de Tiago 4:1-3 e Filipenses 1:9-11, citados anteriormente, pense em suas orações. Como elas são? Carregadas de pedidos focados em si mesmo, autorreferentes e egoístas? Focados nas paixões de seu coração? Ou, no outro extremo, você nunca pede nada a Deus em oração, pois acha que não precisa e, assim, tem se tornado autossuficiente?

Se você ainda não fez, faça uma lista de pessoas (incluindo aquelas com as quais você possa não gostar de conviver) pelas quais você irá interceder e ore regularmente por elas!

DIA 4

AMOR INTELIGENTE

Esta é a minha oração: **Que o amor de vocês aumente cada vez mais em conhecimento e em toda a percepção, para discernirem o que é melhor, a fim de serem puros e irrepreensíveis até o dia de Cristo, cheios do fruto da justiça,** *fruto que vem por meio de Jesus Cristo, para glória e louvor de Deus.* (Filipenses 1:9-11)

"O importante é que emoções eu vivi". Quem não conhece esse verso da famosa música de Roberto Carlos? Em tempos de relacionamentos líquidos, como diz Zygmunt Baumann, essa frase cai muito bem.

Há uma tendência na nossa sociedade de supervalorizar a emoção, independente do que a motiva ou do que ela ocasiona; de determinar a identidade e o propósito de vida com base nos sentimentos. Tendemos a ser regidos exclusivamente pela afetividade e pelo sentir-se bem.

Milan Kundera, na sua obra *A imortalidade*, revela como o ser humano, mesmo após a era da razão, conseguiu elevar os sentimentos à categoria de valor[4]. Ele chama esse novo tipo de ser humano de *homo sentimentalis*. Vivemos a era em que a palavra amor foi diluída em puro desejo sentimental e se tornou paradigma para direcionar a vida. Vivemos os tempos dos direitos afetivos, computação afetiva, culinária afetiva e até do capitalismo afetivo. Isso tudo vem reduzindo a identidade humana a um *homo* meramente *sentimentalis*.

---

[4] KUNDERA, Milan. *A imortalidade*. Nova Fronteira, 1990: p. 110.

Paulo chama a atenção na sua carta aos Filipenses ao amor não sentimental, mas objetivo e inteligente. Ele fala do amor que cresce "cada vez mais em conhecimento e em toda a percepção, para discernirem o que é melhor, a fim de serem puros e irrepreensíveis até o dia de Cristo" (Fp 1:9-10); amor que age a partir da objetividade da revelação no Senhor Jesus e é capaz de promover mudanças em nossas afeições, desejos, sentimentos e comportamentos "a fim de sermos puros e irrepreensíveis até o dia de Cristo"; amor que busca a excelência em Cristo Jesus e aprova o que é correto e verdadeiro; o amor que "não se alegra com a injustiça, mas se alegra com a verdade" (1Co 13:6).

Não é porque eu me sinto bem, me simpatizo com alguém ou desejo alguém ou alguma coisa, chamando isso de amor, que minhas atitudes podem ser justificadas nisso. Não são meus desejos e sentimentos que legitimam o certo e o errado, mas um amor maduro que conduz à aplicação e percepção daquilo que é correto e justo.

A oração de Paulo para que aquela comunidade transbordasse em amor era para que eles tivessem discernimento para buscar e aprovar o que era excelente, focando nas coisas que realmente importavam.

A palavra aprovar no grego é *dokimasei*, um termo utilizado para verificar se uma pedra preciosa é realmente genuína, uma espécie de controle de qualidade que certifica se algo é verdadeiro ou não.

Como contei no início do livro, o meu pai é alfaiate e desenvolveu a habilidade de julgar se uma roupa tem qualidade através de um contato muito rápido com a peça. Ele observa a costura, a posição da roupa no corpo e consegue enxergar os mínimos detalhes. O que o apóstolo Paulo nos ensina é desenvolver um amor em Jesus que não é cego ou ingênuo, mas que consegue discernir e aprovar aquilo que é correto e justo; amor que não é levado por sentimentalismos, pois está fundamentado na pessoa de Cristo e Sua Palavra.

Ralph Martin diz que o verbo aprovar significa colocar sob teste. O amor ágape é capaz de examinar o que é bom ou não, como está escrito em 1 Tessalonicenses: "...ponham a prova todas as coisas e fiquem com o que é bom. Afastem-se de toda forma de mal" (5:21-22). O amor fundamentado em Jesus desenvolve a habilidade do discernimento: passo a não aceitar tudo que sinto como bom; passo a avaliar meus desejos e sentimentos; deixo de aceitar algumas propostas, por mais belas e aparentemente corretas.

Algumas coisas aparentemente não são más em si, mas podem nos levar a praticar o mal e a nos desviar do propósito de Deus para nossas vidas: talvez um desejo que a sociedade afirma ser saudável, um programa de TV, uma série, uma amizade. Precisamos fugir não só do mal, mas também de tudo que tem a sua aparência. Deus quer nos dar a habilidade de olhar para as propostas da vida e ter maturidade para admirá-las, reconhecer que elas mexem com os sentimentos, têm beleza, mas muitas vezes são falsas. Deus quer nos dar habilidade para ver a vida com os olhos de um amor maduro e inteligente, não com os olhos de um amor ingênuo e sentimentalista.

Mas qual a finalidade disso tudo?

Tudo isso tem o objetivo de aperfeiçoar nosso caráter e de sermos transformados à imagem de Cristo, para Sua glória e louvor; de nos encher com o amor que produz em nós e nos outros santificação, que nos leva à "transiliência", que nos lança a uma vida pura e sem culpa até o dia de Cristo.

A estrutura dessa oração de Paulo nos indica que o caminho do amor gera crescimento. Assim como o processo da metamorfose da borboleta, o amor de Jesus em nós gera santificação e essa santificação é uma jornada que nos transforma à imagem daquele que é o próprio amor, Jesus Cristo, "para glória e louvor de Deus" (Fp 1:11). Lembre-se de que ser lançado para além da resiliência passa por abençoar pessoas. Por isso, quando estamos no amor de Cristo, as lutas e adversidades que acontecem não são para nos afundar ou nos colocar em um buraco, mas para que possamos crescer e ser lançados para frente, tornando-nos então "puros e irrepreensíveis até o dia de Cristo, cheios do fruto da justiça, fruto que vem por meio de Jesus Cristo" (vv.10-11).

Sendo assim, a raiz do amor não está em nós mesmos, mas em Cristo Jesus, nosso verdadeiro arquétipo e paradigma do amor. Certamente, para sermos "cheios do fruto da justiça", precisamos da seiva "que vem por meio de Jesus Cristo" para que produzamos frutos verdadeiros. Fomos criados para crescer à imagem de Jesus (veja Romanos 8:29) e transbordar uma vida justa sobre outras vidas. Fomos criados para amar e frutificar.

William Barclay escreveu que "o amor é sempre o caminho do conhecimento, quando amamos algo, desejamos saber cada vez mais acerca dele, se amamos uma pessoa, desejaremos saber cada vez mais a respeito dela"[5]. Então, se quisermos conhecer mais sobre o verdadeiro amor, precisaremos conhecer mais sobre Jesus e como ele vivia. A Bíblia

---

[5] BARCLAY, William. *Filipenses, Colossenses, I; II, Tessalonicenses*. Vol. 11, 1973: p.20-22.

Sagrada nos ajuda a desenvolver a maturidade necessária para que nosso "amor cresça em conhecimento e em toda percepção, para discernirmos o que é melhor". Ela gera em nós uma mudança de mentalidade que transforma nossas atitudes e nos torna "puros e irrepreensíveis até o dia de Cristo".

ORANDO A PALAVRA

Senhor, não quero viver baseado em um amor meramente sentimental. Não quero justificar minhas ações simplesmente pelo que sinto. Ajuda-me a crescer em amor inteligente, que sabe discernir o certo e o errado, que sabe perceber o que é melhor e que produz frutos de justiça. Que eu encontre no Senhor a fonte desse amor e que, assim, a minha vida seja usada para Tua glória e louvor.

DESAFIO

Talvez você seja guiado pelos seus desejos e sentimentos. Esses amores podem vir de diversas fontes: da sua história familiar, da pressão social ou de suas próprias contingências da vida. Procure identificar que desejos o têm guiado e determinado seu comportamento. À medida que você for descobrindo, coloque esses desejos diante de Deus e peça para ser guiado pelo verdadeiro amor em Cristo Jesus.

DIA 5

PROVIDÊNCIA E SENTIDO DA VIDA

Quero que saibam, irmãos, que aquilo que me aconteceu tem antes servido para o progresso do evangelho...

(Filipenses 1:12)

Você já deve ter ouvido a história de José, o penúltimo filho do patriarca Jacó. Essa história revela como o povo hebreu foi habitar no Egito e como um jovem hebreu se tornou a maior autoridade na nação mais poderosa da terra naquele momento da história. Mais do que uma história de resiliência e superação, a história de José é um exemplo vivo da providência divina nos encaminhando para um propósito maior.

José era um filho muito amado e excessivamente mimado por seu pai, o que fazia que seus irmãos mais velhos sentissem ciúmes dele. Ele era um sonhador. Seus sonhos sempre o mostravam com proeminência e liderança, o que acarretava ainda mais inveja e desprezo por parte de seus irmãos.

Por causa dos ciúmes que seus irmãos sentiam, articularam um plano para matá-lo. Porém, em razão da intervenção de um deles, a morte foi evitada e José foi vendido para mercadores que iam em direção ao Egito. Lá, ele foi vendido como escravo e começou a trabalhar na casa do grande líder político, Potifar.

Embora na condição de menor dos escravos, com o tempo, ele conquistou a confiança de seu novo senhor. José prosperou, pois fazia tudo com excelência e isso fez que logo se tornasse administrador de toda casa de Potifar.

Quando tudo corria bem para José, vivendo as benesses de ser um bom mordomo, a esposa de Potifar começou a insinuar-se e tentou seduzi-lo com convites para que ele se tornasse seu amante. A fidelidade de José a Deus, a Potifar e ao seu propósito de vida o fez resiliente. Ele suportou e rejeitou a pressão daquela mulher que, inconformada, o acusou falsamente de abuso, mandando-o para a prisão injustamente.

Mesmo preso, José continuou a fazer tudo com excelência e conquistou a confiança de todos. Ainda na prisão, ele interpretou o sonho de dois homens importantes que também estavam presos. Depois de dois anos, pelo fato de José ter interpretado o sonho dos dois homens da prisão, ele foi convidado para interpretar o sonho de Faraó — rei do Egito, ajudando-o a tomar decisões muito importantes para a nação. Encantado com tanta sabedoria, Faraó o soltou da prisão e o promoveu ao posto de governador do Egito. Agora, José era responsável pelo maior projeto econômico que aliviaria o período de fome em que se encontraria o Egito e a maioria das nações vizinhas.

Como governador, José reencontrou os seus irmãos, os mesmos que o haviam vendido como escravo anteriormente. José, que tinha então todas as condições para executar uma vingança, disse a seus irmãos uma das declarações de fé mais profundas e memoráveis de toda história bíblica: "Não tenham medo. Estaria eu no lugar de Deus? Vocês planejaram o mal contra mim, mas Deus o tornou em bem, para que hoje fosse preservada a vida de muitos" (Gn 50:19-20).

Poderíamos analisar passo a passo da vida de José e trazer em evidência sua capacidade de resiliência, mas o que realmente está no fundamento dessa resiliência é uma confiança robusta no poder soberano de Deus. A consciência de que Deus age na história, apesar da condição humana e de um mundo distante dele. Deus em seu amor age providencialmente para nos levar a transcender, nos levar a um propósito maior.

Em Filipenses, o apóstolo Paulo revela essa mesma confiança. Ele está seguro de que nossa vida não é caos, mas segue uma providência divina que nos oportuniza crescimento pessoal, bênção sobre outras vidas e encontro com a vontade soberana de Deus. Embora nós vivamos em um mundo de dor, lutas, guerras e consequências tão terríveis por causa da ação humana, a vida não é caos, é cosmos. Existe um propósito e Deus age em amor na história, direcionando-nos para o real *sentido da vida*. Paulo sabia disso e por isso escreveu:

> Quero que saibam, irmãos, que aquilo que me aconteceu tem, ao contrário, servido para o progresso do evangelho. Como resultado, tornou-se evidente a toda a guarda do palácio e a todos os demais que estou na prisão por causa de Cristo. E os irmãos, em sua maioria, motivados no Senhor pela minha prisão, estão anunciando a palavra com maior determinação e destemor. É verdade que alguns pregam Cristo por inveja e rivalidade, mas outros o fazem de boa vontade. Estes o fazem por amor, sabendo que aqui me encontro para a defesa do evangelho. Aqueles pregam Cristo por ambição egoísta, sem sinceridade, pensando que me podem causar sofrimento enquanto estou preso. Mas, que importa? O importante é que de qualquer forma, seja por motivos falsos ou verdadeiros, Cristo está sendo pregado, e por isso me alegro. De fato, continuarei a alegrar-me. (Filipenses 1:12-18)

O apóstolo Paulo tinha sua fé fundamentada na história do mover de Deus na vida de muitos homens e mulheres que ele tão bem conhecia, como a história de José do Egito. Mas, além das narrativas de fé do Antigo Testamento que revelam a providência de Deus e vidas com propósito, Paulo conheceu a história daquele que poderia ser chamado de Senhor da resiliência, da providência e do propósito; a história de outro hebreu que, falsamente acusado por seu próprio povo, sofreu um castigo extremo nas mãos de um povo cego pelo orgulho e pela religiosidade e, ainda assim, demonstrou, por meio da ressurreição, que "Deus transforma o mal em bem, para que seja preservada a vida de muitos".

Com essas narrativas da soberania e ação do Deus de Israel ecoando na mente e com a experiência pessoal com Jesus ressurreto, Paulo sabia que, de alguma maneira, o mal seria transformado em bem. E ele já começava a ver isto na experiência da prisão com o avanço do evangelho na própria guarda pretoriana. Até mesmo a prisão contribuiu para que o seu propósito fosse cumprido. O propósito maior de vida de Paulo estava perfeitamente alinhado à vontade de Deus, à providência divina.

Quando penso na providência de Deus, lembro sempre da imagem do tapeceiro. Você já viu um tapeceiro trabalhando? Hoje podemos ter acesso a essa tão importante arte manufatureira pela internet. Vale a pena assistir.

Os tapetes e as redes são confeccionados com muitas cores e muitos desenhos. Certa ocasião, assisti à confecção de uma rede branca com várias imagens coloridas. Enquanto observava, percebi que tudo tinha uma certa ordem no tear e eu achava que sabia qual desenho sairia daquelas linhas.

Mas, certo momento, vi o tapeceiro colocar uma linha vermelha em meio a cores vibrantes. A meu ver, a cor destoava do todo e eu me perguntava aonde chegaria aquela linha. O entrelaçamento do fio vermelho não parecia fazer sentido no meio das demais cores. Depois de um bom tempo, aquele fio vermelho deu origem, junto com as outras cores, a uma linda imagem artística.

Paulo, assim como José que enfrentou prisões e falsas acusações, não sabia o que estava por vir, mas confiava na providência divina. Paulo sabia que ali existia a mão de Deus e que os seus sofrimentos não eram uma mera perseguição de homens, mas serviriam para um propósito maior. Ele mesmo havia escrito no início da carta: "Estou convencido de que aquele que começou boa obra em vocês, vai completá-la até o dia de Cristo Jesus" (Fp 1:6). Essa era a confiança de sua vida. Ele estava em uma obra alinhada com o *sentido da vida*, um propósito maior. Ele sabia que Deus é um inicializador e um finalizador. O trabalho específico que Ele iniciou e iria concluir é obra da graça. A nossa resiliência natural se torna uma alavanca para um salto a um sentido maior, quando estamos alinhados com a providência divina por meio de Jesus Cristo. Resiliência com a providência divina se torna "transiliência".

ORANDO A PALAVRA

Senhor, por vezes não entendo como o Tu estás agindo em meio a tantas lutas e dificuldades que este mundo me traz. Não sei o porquê de minhas incertezas financeiras, das doenças na minha família, dos desentendimentos com quem amo. Transforma essas lutas em crescimento na minha vida e me ensina a ver a Tua obra nisso tudo! Ajuda-me a crer que o Senhor é o melhor dos tapeceiros. Coloco-me em Tuas mãos, para que Sua obra seja concluída em mim. Independente dos fios e cores que a vida me levar a utilizar na confecção da minha história, quero ter a certeza de que a arte final será perfeita e de extremo valor, pois Tu estás no controle! Amém.

DESAFIO

Você tem buscado alinhar sua vida à vontade de Deus? Ao próprio *sentido da vida* dado por Jesus? Você tem percebido Deus agir em sua vida? Percebe a mão dele guiando você nos mínimos detalhes, transformando aquilo que é ruim em bênção?

Você tem ajudado as pessoas a enxergar isso? Deus não criou a humanidade e a abandonou. Mesmo os homens tendo virado as costas para Ele, Deus continua como um Pai buscando resgatar os Seus filhos. Sua providência está agindo para nos levar ao *sentido da vida*!

Registre movimentos ainda não compreendidos em sua vida.

Registre movimentos em sua vida que você já percebeu que Deus o levou para algo maior.

DIA 6

SENTIDO, PROPÓSITO E PROCESSOS

Quero que saibam, irmãos, que aquilo que me aconteceu tem, ao contrário, servido para o progresso do evangelho. Como resultado, tornou-se evidente a toda a guarda do palácio e a todos os demais que estou na prisão por causa de Cristo. E os irmãos, em sua maioria, motivados no Senhor pela minha prisão, estão anunciando a palavra com maior determinação e destemor. [...] O importante é que de qualquer forma, seja por motivos falsos ou verdadeiros, Cristo está sendo pregado, e por isso me alegro. De fato, continuarei a alegrar-me, pois sei que o que me aconteceu resultará em minha libertação, graças às orações de vocês e ao auxílio do Espírito de Jesus Cristo. (Filipenses 1:12-14,18-19)

Você já deve ter ouvido que a geração *Millenials* (ou Y) é conhecida como a geração que, na entrevista de emprego, logo diz que quer se tornar presidente da empresa, mas, no mês seguinte à contratação, explode com o chefe, perde a paciência, diz que está sendo explorada e pede demissão. É a geração que não tem paciência para passar pelos processos. Uma geração carregada de metas, que quer fazer o que gosta, mas não quer pagar o preço para isso; que quer soluções rápidas e imediatas que não lhe custem empenho, dedicação, paciência e suor. É a geração que tem feito as equipes de RH dedicarem horas em testes para identificar aqueles que têm resiliência.

A história que lemos sobre José na reflexão anterior, nos revela como aquele jovem foi resiliente para passar pelos processos e conseguir governar a nação mais poderosa de sua época. Aquele jovem suportou a prisão, a pressão e o esquecimento dos superiores, tudo sem desistir de perseverar e de fazer tudo com excelência. O jovem José alcançou seu destino porque viveu seu propósito sabendo ser perseverante nos processos mais difíceis. Seu destino era governar e suprir a fome do mundo de sua época trazendo glórias para Deus. Seu propósito era governar bem sua vida e onde estivesse, seja como escravo, como preso ou como mordomo, fazendo tudo com excelência para glória de Deus. E os processos foram os mais doloridos possíveis que o forjaram a ser o estadista da maior nação do mundo de sua época.

Infelizmente, para muitos, o propósito tem sido sinônimo de busca de bem-estar naquilo que se faz e não de consciência de uma responsabilidade maior, fazendo tudo com excelência, pensando em abençoar muitas vidas por meio de seus dons, competências e habilidades. Para muitos, infelizmente, o propósito da vida está focado em seu próprio prazer pessoal.

Paulo, ao escrever Filipenses, revela com clareza o sentido maior da sua vida. E seu propósito estava diretamente relacionado a esse Sentido de Vida maior. Para exemplificarmos propósito e Sentido de Vida, podemos comparar os dois grandes apóstolos da fé cristã.

Pedro e Paulo encontraram o mesmo Sentido de Vida em Jesus como Salvador, Senhor e modelo a ser seguido e imitado. Porém, os dois tinham propósitos específicos diferentes. Enquanto Pedro havia sido chamado para trabalhar com o povo de Israel e permanecer em Jerusalém, o propósito da vida de Paulo era ir até as nações para que todos os povos conhecessem a boa notícia da salvação. Os dois caminhavam para o mesmo sentido de vida: amar a Deus sobre todas as coisas e ao próximo como Jesus amou, sendo transformados à imagem de Jesus. Entretanto, os dois seguiam para esse sentido por propósitos específicos diferentes.

Quando escreveu Filipenses, Paulo estava preso. Para alguém que tinha como propósito de vida desbravar as nações com a boa notícia da *obra de Jesus na cruz*, estar trancado era como atar às costas as mãos de um grande pianista. Mas o sentido maior da vida de Paulo não era seu bem-estar ou seu sucesso pessoal, tampouco a causa de uma religião ou filosofia; era em última instância amar como Jesus, a Deus e as pessoas, e dar o testemunho deste amor, testemunho daquele que lhe deu sentido à vida, Jesus, o Salvador e Senhor. Foi essa consciência e paixão que fez com que Paulo escrevesse as seguintes palavras:

> *Quero que saibam, irmãos, que aquilo que me aconteceu tem, ao contrário, servido para o progresso do evangelho. Como resultado, tornou-se evidente a toda a guarda do palácio e a todos os demais que estou na prisão por causa de Cristo. E os irmãos, em sua maioria, motivados no Senhor pela minha prisão, estão anunciando a palavra com maior determinação e destemor. É verdade que alguns pregam Cristo por inveja e rivalidade, mas outros o fazem de boa vontade. Estes o fazem por amor, sabendo que aqui me encontro para a defesa do evangelho. Aqueles pregam Cristo por ambição egoísta, sem sinceridade, pensando que me podem causar sofrimento enquanto estou preso. Mas, que importa?*

> *O importante é que de qualquer forma, seja por motivos falsos ou verdadeiros, Cristo está sendo pregado, e por isso me alegro. De fato, continuarei a alegrar-me, pois sei que o que me aconteceu resultará em minha libertação graças às orações de vocês e ao auxílio do Espírito de Jesus Cristo.* (Filipenses 1:12-19)

A prisão, em vez de ser instrumento de isolamento e solidão, foi transformada em recolhimento para adoração (amor a Deus), intercessão (amor às pessoas) e forjou do caráter de Cristo em Paulo. A presença da guarda pretoriana, em vez de ser uma ameaça ou motivo de ressentimento ou amargura, ou até mesmo de palavras de maldição sobre aqueles soldados que agiam como servos de um ditador, era uma grande oportunidade de amar ao próximo como Jesus amou e levar a mensagem para dentro dos palácios. Ele poderia ter pensado que estes soldados não eram dignos de ouvir a Palavra, uma vez que eram opressores, torturadores e imperialistas a serviço de César, mas essa não foi a atitude do apóstolo. O texto nos conta que ele escolheu amar esses soldados e lhes dar a maior das notícias e a oportunidade de servir a um outro senhor e rei, Jesus Cristo. Quem não entra na espiral de reclamações e murmurações, encontra seu propósito nos momentos de aflições.

Essa atitude de Paulo o levou a transcender e a inspirar outros cristãos para viverem seu propósito no seu dia a dia, também testemunhando de Cristo com "determinação e destemor" (Fp 1:14). Mesmo tendo alguns que pregavam por motivações erradas, Paulo se alegrava com a pregação deles, pois a razão de sua vida era a proclamação do evangelho de Cristo.

Paulo vivia seu propósito de vida alinhado com o sentido maior que era Jesus. Ele entendia que os processos são fundamentais para nos forjar e que Deus age para iniciar e para finalizar nossos empreendimentos. Paulo mesmo diz que: "...aquele que começou boa obra em vocês, vai completá-la até o dia de Cristo Jesus" (Fp 1:6). Os processos nos alinham ao propósito maior de Deus para cada um de nós. Nos processos, desenvolvemos resiliência e solidificamos nosso propósito em "transiliência".

Saber passar pelos processos implica diretamente em como vemos e nos relacionamos com as pessoas. Tanto Paulo como José do Egito souberam olhar para as pessoas sem estigmatizá-las e, em vez de construírem muros, construíram pontes que abriram portas para Deus realizar Seus propósitos. A maneira como agimos com as pessoas em meio a processos difíceis define o destino que Deus tem para nós.

Será que não temos carimbado as pessoas com rótulos políticos, religiosos, ideológicos e preconceituosos, dizendo esse é de esquerda, aquele é de direita, o outro é "em cima do muro", esse é rico explorador, aquele é pobre preguiçoso e, assim, vamos selecionando aquelas pessoas que queremos ou não amar e testemunhar com o evangelho?

Independentemente das funções que exercem e a quem serviam, Paulo via as pessoas como seres humanos carentes da graça de Deus e testemunhava a elas sobre um novo rei. Vivemos na perspectiva de Deus quando sabemos que o evangelho é o maior e melhor presente para todas as pessoas independentemente de suas histórias.

Paulo não se concentrava no seu sofrimento, mas enxergava Deus agindo para abrir novos caminhos. Paulo não amargou o seu coração pela competição dos seus críticos. Em vez de defender a si mesmo e entrar em concorrência com essas pessoas, ele defendeu o evangelho, pois conhecia bem o sentido maior e o propósito da sua vida. O resiliente não estigmatiza as pessoas, mas lança o seu melhor sobre elas, pois, ao se lançar de modo resiliente, ele sai do estado de dor e entra na atmosfera do milagre, na atmosfera da transcendência.

Lembro-me de uma viagem missionária que fiz para o interior do Paraná, em que tive a oportunidade de conhecer uma jovem professora que caminhava quilômetros todos os dias para ensinar em uma escola. Em um desses dias da viagem, estava bem frio. Então, conversando com ela, perguntei como fazia para caminhar tão longe, bem cedo, em dias tão frios como aquele. Ela respondeu: "Sinto alegria, porque sei que têm crianças que caminham bem mais do que eu e estão lá me esperando". Essa jovem não estava buscando fama ou sucesso; ela havia encontrado um propósito na sua vida, que era abençoar aquelas crianças.

Você já encontrou o sentido da sua vida? O porquê e o para que você existe? Você já encontrou seu propósito específico de vida? Conhece seus dons, habilidades e paixões que farão você glorificar a Deus em tudo que faz?

ORANDO A PALAVRA

Deus, declaro que o meu sentido de vida está em ti! Tu és meu Senhor e Salvador. Que meus dons, habilidades e paixões sejam direcionados não apenas para os meus interesses pessoais, mas para o meu propósito maior de vida. Abre meus olhos para que eu veja além dos processos que tenho enfrentado, para que eu viva a fim de alcançar o Teu propósito por meu intermédio. Amém!

DESAFIO

Existem pessoas que você se relaciona que podem estar sendo estigmatizadas por você? Você as tem tachado negativamente por causa da religião, opções políticas, ideológicas, étnicas ou profissões que exercem? Que tal, em vez de estigmatizar, você começar a abençoá-las, assim como Paulo e José fizeram, mesmo estando injustamente presos?

Que tal buscar um curso de descoberta da sua forma para descobrir seu propósito específico? Buscar em sua igreja um curso de descoberta de seus dons, talentos, temperamentos e habilidades?

SHABAT

O DESCANSO NO SENHOR

Nas reflexões dessa semana, o apóstolo nos ensina a olhar para nosso passado sob a ótica da soberania de Deus. Paulo olha para o passado e vê um propósito divino em tudo o que aconteceu. Vê a sua mudança de vida, com toda a perda de status, riqueza e poder, como uma oportunidade para expandir o evangelho e gerar vida. Ele olha para seu sofrimento como uma abertura para novos caminhos. Como você tem olhado para seu passado? Consegue escrever boas coisas de seu passado louvando a Deus por estar aqui hoje?

Paulo olha para o presente vendo oportunidade em vez de lamento. Ele começa a observar como sua atitude tem estimulado outros a avançarem. Isso alegra o coração dele. Paulo não entra em amargura por causa das críticas ou dos injustos cárceres e castigos, mas aproveita a prisão para escrever suas cartas que influenciaram o mundo. O apóstolo não foge dos processos que o acompanham ao longo da vida, mas os vive com foco em seus propósitos e sentido de vida, glorificando a Deus pelos resultados por eles proporcionados.

Em Filipenses, Paulo não só demonstra amor, mas também ora para que aumente o amor daquela comunidade, para que o amor deles cresça baseado no modo que Jesus amou. E, assim, vemos a importância de intercedermos pelos outros em oração, desejando o melhor às pessoas e nos conectando com Deus mais intensamente. Percebemos que a oração gera não só amor, mas também discernimento, para escolhermos o que é melhor, aperfeiçoarmos nosso caráter e sermos transformados à imagem de Cristo.

Você tem refletido sobre qual é o sentido da sua vida? Paulo encontrou esse sentido em Jesus Cristo e o alinhou ao propósito específico de sua vida. Você tem clareza de seu propósito específico? Reforço a necessidade de buscar um curso em sua igreja sobre dons, talentos, habilidades, temperamentos, enfim, para descobrir suas paixões e identidade, a fim de viver seu propósito específico de vida com Jesus, *o sentido maior da vida*.

Este é um dia especial para você buscar a presença de Deus em oração e meditação nas Escrituras Sagradas. Aproveite seu *Shabat*! Abençoado *Shabat*!

SEMANA 3

SENTIDO DA VIDA E RESISTÊNCIA

DIA 1

PLENA ENTREGA

Ao contrário, com toda a determinação de sempre, também agora **Cristo será engrandecido em meu corpo, quer pela vida quer pela morte; porque para mim o viver é Cristo e o morrer é lucro.** (Filipenses 1:20-21)

Há uma frase de Isaac Newton que sempre chamou minha atenção: "Se eu vi mais longe, foi por estar sobre ombros de gigantes". Creio que Paulo era um homem que estava olhando para o futuro a partir de um nível mais alto, mais elevado. Paulo olhava para o futuro sobre os ombros de um gigante, o Senhor Jesus Cristo. Ele estava sobre os ombros dele com os "olhos fitos em Jesus, autor e consumador da nossa fé..." (Hb 12:2). É como o atleta que corre olhando para seu ídolo, que já venceu a grande corrida e que o aguarda no pódio. Um atleta que não tem olhos para os obstáculos, pois olha sobre os ombros de gigantes que já trilharam aquela pista. Paulo caminhava olhando para Aquele que já havia percorrido o caminho e que era o próprio Caminho.

Paulo teve que cair na estrada de Damasco para poder transcender e subir nos ombros de Jesus. Ele passou a olhar a vida sob outra perspectiva, ele via à frente. O apóstolo não apenas via sua provável libertação, mas considerava lucro até mesmo sua própria morte. Paulo não aguardava a sua morte para ser reconhecido como um mártir ou para impulsionar uma causa, mas para que, através dela, tivesse a oportunidade de se relacionar ainda mais com Cristo, tivesse o encontro com a razão de sua vida, o *sentido da vida*.

Como um atleta que mira o fim da corrida, ele dedicava seu corpo, mesmo cansado e afligido, a serviço do Rei Jesus. Como um atleta na pista de corrida que lança todas suas forças para frente, como querendo sair do próprio corpo, sacrificando seu próprio corpo, ele diz: "com toda a determinação de sempre, também agora Cristo será engrandecido em meu corpo, quer pela vida quer pela morte; porque para mim o viver é Cristo e o morrer é lucro" (Fp 1:20-21). Sua meta não era fama, riqueza ou poder. Sua meta era transcender, glorificando a Cristo com sua vida.

Algumas religiões e filosofias falam sobre o contentamento para viver somente o agora, sobre uma atitude de resiliência passiva; mas o que Paulo revela é uma resiliência ativa que nos capacita para o agora e nos lança para o futuro. A fé em Cristo Jesus, o amor àquele que deu sua vida por nós, nos lança para além da resiliência, nos leva a transcender e nos torna "transilientes".

Paulo enxergava o seu corpo como um meio para levar glória a Deus no seu dia a dia; o mesmo corpo que seria glorificado após sua morte, assim como o corpo de Cristo foi glorificado após a ressurreição. Enquanto as religiões gnósticas do tempo de Paulo viam o corpo como algo negativo que deveria ser sublimado, a fé cristã o via como meio de glorificar a Deus e ser transformado.

Mesmo sofrendo, Paulo usa toda a sua determinação e seu corpo para que Cristo fosse engrandecido e glorificado, pois, para ele, não bastava apenas viver bem, era preciso também morrer bem. Para quem não encontrou o *sentido da vida*, a morte é um fim trágico. Mas para Paulo a morte também glorificaria a Cristo, assim como Ele foi glorificado em sua vida.

Assim, viver as batalhas da vida ou enfrentar a morte não causava medo a Paulo, tanto que ele declara que, para ele, "o viver é Cristo e o morrer é lucro" (Fp 1:21). Isto porque, mesmo em meio às adversidades, ele tinha a presença de Cristo Jesus consigo, aquele que foi além da resiliência, o maior modelo de "transiliência".

Para a vida, Paulo tinha a segurança destas palavras ditas por Jesus: "Neste mundo vocês terão aflições; contudo, tenham ânimo! Eu venci o mundo" (Jo 16:33). Quanto a morte, ele tinha a segurança nesta afirmação do Salvador: "Não se perturbe o coração de vocês. Creiam em Deus; creiam também em mim. Na casa de meu Pai há muitos aposentos..." (Jo 14:1-3). Para além da vida, ele tinha a esperança do próprio encontro com Cristo Ressurreto.

Paulo então vive um "agora" e um "ainda não"; algo como se unisse o Céu e a Terra em um único momento, como se nossas limitações de tempo e espaço não existissem. A alegria de viver Cristo no agora lhe dava a segurança tanto de ir quanto de ficar.

Você quer enxergar o caminho à altura de seus olhos ou a partir dos ombros de um Gigante que já trilhou o Caminho? Percebe que a visão que é proporcionada quando estamos nos ombros de Jesus desfoca nossos problemas passageiros e nos revela a beleza do caminho no Caminho? Geralmente buscamos falsos gigantes, como dinheiro, riquezas, status social, reputação e tantas outras falsas plataformas que são, na verdade, meros e frágeis banquinhos que desmoronam e nos derrubam ante a qualquer instabilidade. Precisamos ser como crianças nos ombros do Pai Celestial para seguirmos resilientemente, dedicando nossos corpos e mentes, em entrega total, como atletas que são lançados à frente em "transiliência".

ORANDO A PALAVRA

Deus, como é bom saber que o Senhor nos dá vida. Vida que nos liberta e nos faz transcender. Não apenas vida terrena, passageira, mas a vida plena, eterna! Declaro que confio plenamente no Senhor e que minha segurança está em ti. Quero viver a vida com a certeza de que, quando aqui ela terminar, continuarei vivendo com o Senhor na eternidade. A minha entrega a ti é total. Amém!

DESAFIO

Como você tem vivido a vida? Sozinho, pelas suas próprias forças ou sobre os ombros de Jesus, autor e consumador da fé?

Como você vê a morte? Você tem a segurança de que, se você morrer hoje, estará com Cristo e continuará vivendo o relacionamento que você já vive com Ele hoje? Você aceita confiar, entregar toda sua vida ao Senhor Jesus, declarando sua total dependência dele?

Se você quer andar sobre os ombros dele, faça a seguinte oração: "Senhor Jesus, eu declaro que sem ti não sou capaz de viver a vida em plenitude e paz. Declaro que sem ti eu sou escravo dos meus desejos egoístas pecaminosos que me separam de ti. Por isso, eu aceito Tua graça e amor por mim revelados em Tua morte na cruz e em Tua ressurreição. Eu me entrego a Tua graça e amor. Governa minha vida e me coloque sobre Teus ombros para viver um profundo relacionamento contigo. Alinha meus propósitos à Tua vontade, meu Senhor e Salvador Jesus".

DIA 2

O SENTIDO DA VIDA

Ao contrário, com toda a determinação de sempre, também agora Cristo será engrandecido em meu corpo, quer pela vida quer pela morte; **porque para mim o viver é Cristo e o morrer é lucro.** *Caso continue vivendo no corpo, terei fruto do meu trabalho. E já não sei o que escolher! Estou pressionado dos dois lados: desejo partir e estar com Cristo, o que é muito melhor; contudo, é mais necessário, por causa de vocês, que eu permaneça no corpo. Convencido disso, sei que vou permanecer e continuar com todos vocês, para o seu progresso e alegria na fé, a fim de que, pela minha presença, outra vez a exultação de vocês em Cristo Jesus transborde por minha causa.* (Filipenses 1:20-26)

Certa ocasião, Tomé, um homem de espírito inquiridor, questionou Jesus: "...como então podemos saber o caminho?" (Jo 14:5). Ele fez exatamente a pergunta que fazemos em nossas buscas por significado e *sentido da vida*; a pergunta que surge principalmente nos momentos de adversidades e questionamentos.

Antes de conhecer a Cristo, Paulo era também um desses inquiridores que buscavam o *sentido da vida*. Paulo buscou as respostas no segmento mais rígido e legalista do judaísmo, na filosofia grega e na aliança político-religiosa-militar que perseguia os primeiros discípulos de Jesus; mas, no caminho para Damasco, quando viajava a fim de prender e torturar cristãos, Paulo foi encontrado por aquele que é o Caminho. Mais à frente, ainda em Filipenses, Paulo revela que de fato encontrou o *sentido da vida* em Jesus que é o "caminho, a verdade e a vida..." (João 14:6).

Temos até aqui refletido que, embora o pecado tenha gerado inconsistências, desordens na vida e desintegração da identidade humana, existe um propósito maior sobre todas as coisas, e Deus continua agindo providencialmente na história, derramando a Sua graça comum, pois "ele faz raiar o seu sol sobre maus e bons e derrama chuva sobre justos e injustos" (Mt 5:45). Ele não tem permitido a vida ser caos, mas cosmos. Ele tem nos direcionado para a escolha de viver um sentido maior. Foi o que aconteceu com Paulo. Ele aceitou o chamado providencial de Deus para trilhar o Caminho, que é Jesus.

A vida de Paulo, rendida a Jesus e focada nele como *sentido último da vida*, lhe permitia olhar o passado com gratidão, o presente como plataforma de oportunidades e o futuro sem medo da morte ou de uma vida de sofrimento, pois, em qualquer das situações que viesse a enfrentar, ele estaria em um relacionamento com Cristo Jesus.

Podemos ter propósitos diversos, mas a providência divina nos leva a um sentido maior e único em direção ao Criador, para glorificá-lo e nos alegrarmos nele. Essa era a plenitude que Paulo desfrutava e que lhe garantia dizer que "o viver é Cristo e o morrer é lucro" (Fp 1:21). Mas o encontro com o *sentido da vida* em Jesus também nos leva a olhar além de nós mesmos e nos lança em direção às pessoas para abençoá-las. Isso está no propósito central da vida de Jesus, pois Ele mesmo disse "que não veio para ser servido, mas para servir e dar a sua vida em resgate por muitos" (Mt 20:28).

A carta aos Filipenses, embora revele uma cidadania do Céu, não nos leva a escapismos, mas a um relacionamento profundo com Jesus e com as pessoas; relacionamento de serviço com as pessoas; relacionamento com Jesus na vida e na morte. Quando Paulo pensa sobre a segurança de passar pela morte, ele diz: "...desejo partir e estar com Cristo, o que é muito melhor..." (Fp 1:22). Ele fala de um encontro pessoal com Jesus, de relacionamento profundo com Deus. Entretanto, Paulo resiste à morte por compreender que este encontro não teria que ser somente dele, mas que, por meio dele, muitos outros poderiam também chegar a Cristo.

Quando Paulo pensa sobre permanecer vivo, ele diz: "contudo, é mais necessário, por causa de vocês, que eu permaneça no corpo. Convencido disso, sei que vou permanecer e continuar com todos vocês, para o seu progresso e alegria na fé, a fim de que, pela minha presença, outra vez a exultação de vocês em Cristo Jesus transborde por minha causa" (Fp 1:24-26). Ele fala de serviço às pessoas, de relacionamento profundo com elas e do testemunho de Cristo. Seu amor a Jesus era revelado no amor às pessoas.

A rendição de Paulo a Jesus, no caminho de Damasco, alinhou-o a viver de fato o que é o amor. Paulo carregava em suas mãos o sangue dos primeiros mártires cristãos; porém, no encontro com Jesus em Damasco, ele descobriu que não perseguia somente pessoas inocentes, mas o próprio Jesus de Nazaré. Ele ouviu a voz que disse: "Saulo, Saulo, por que me persegues?" (At 9:4).

Ao receber o perdão de Jesus, Ele entendeu o que é a graça, favor imerecido. Tudo o que ele ouvira como resumo da lei e dos profetas passou a fazer sentido para a vida dele. Seu amor a Deus agora não é fruto de sua capacidade religiosa, mas do amor do próprio Deus derramado sobre ele:

"Nós amamos porque ele nos amou primeiro" (1Jo 4:19). O encontro com Jesus era o encontro com Deus, que é amor. Não podemos chegar a Deus por nossas próprias capacidades, mas é Ele que vem ao nosso encontro para alcançar, acolher, cuidar e restaurar. Quando Paulo diz que para ele "o viver é Cristo e o morrer é lucro" (Fp 1:21), está revelando que o sentido real da sua vida agora é de fato amar o Senhor, "o seu Deus, de todo o seu coração, de toda a sua alma, de todo o seu entendimento e de todas suas forças" (Mc 12:30).

O encontro de Paulo com o *sentido da vida* em Jesus não ficou somente nesse amor vertical. O encontro com Jesus também redefiniu o paradigma de amor desse apóstolo para com as pessoas: Amar o "próximo como a si mesmo..." (Mc 12:31). Paulo passou a ter como paradigma o próprio Cristo, que ensinou: "Um novo mandamento dou a vocês: Amem-se uns aos outros. Como eu os amei, vocês devem amar-se uns aos outros" (Jo 13:34). O coração do Saulo religioso só encontrou fardos pesados no farisaísmo; a mente inquiridora do Saulo filósofo só encontrou o vazio, pois, por mais que procurasse, só encontrava perguntas; e o desejo totalitarista daquele Saulo religioso-político-militar só encontrou morte, violência e culpa.

A partir do encontro com Jesus no caminho de Damasco, o Saulo religioso, egocêntrico e totalitarista saiu de cena, e entrou o Paulo que foi "crucificado com Cristo", que tem a sua vida e paixões a serviço de seu novo rei, Jesus. O Paulo que vive "pela fé no filho de Deus, que [o] amou e se entregou por [ele]" (Gl 2:20). Agora sua mente, coração e desejos estavam alinhados para amar a Jesus e ser bênção na vida das pessoas, tendo o amor ágape como padrão. Ele deixou sua ânsia pela religião e causas político-militares e passou a preencher seu coração com amor a Deus e ao próximo. Ao conhecer Jesus e segui-lo, o sentido da sua vida passou a ser amar a Deus sobre todas as coisas e ao próximo como Jesus amou (veja Marcos 12:30; João 13:24). É por isso que Paulo afirma: "...com toda a determinação de sempre, também agora Cristo será engrandecido em meu corpo, quer pela vida quer pela morte; porque para mim o viver é Cristo e o morrer é lucro" (Fp 1:20).

ORANDO A PALAVRA

Senhor, reconheço que o Tu vieste ao meu encontro através de Jesus. Reconheço que Jesus me mostrou como viver no Caminho e abriu o caminho por seu sacrifício na cruz para que eu pudesse encontrar o sentido da vida. Ajuda-me a ver que esse sentido está em ti! Assim, não preciso temer a morte nem a vida, pois o Teu amor me sustenta.

DESAFIO

Paulo optou por pessoas. Por ver pessoas conhecendo e se rendendo a Cristo Jesus, o verdadeiro *sentido da vida*. Compartilhe sua fé em Jesus com outras pessoas também. Comece a estabelecer pontes de relacionamento e convide algumas delas para ler este livro com você. Que tal criar um grupo de leitura deste livro com alguns amigos que até admiram Jesus, mas ainda não se entregaram totalmente a Ele?

DIA 3

SENTIDO E PROPÓSITO ESPECÍFICO NA VIDA

Contudo, é mais necessário, por causa de vocês, que eu permaneça no corpo. **Convencido disso, sei que vou permanecer e continuar com todos vocês, para o seu progresso e alegria na fé, a fim de que, pela minha presença, outra vez a exultação de vocês em Cristo Jesus transborde por minha causa.** (Filipenses 1:24-26)

Imagine um martelo. Ele foi desenhado para bater pregos. Foi para isso que ele foi criado. Imagine que esse martelo nunca seja usado, fique lá jogado na caixa de ferramentas. O martelo não se importa. Agora, imagine o mesmo martelo com uma alma, com "consciência" própria. Dias e dias passam, e ele continua na caixa de ferramentas. Ele se sente meio estranho, mas não sabe exatamente o porquê. Alguma coisa está faltando, mas ele não sabe o que é.

Então um dia alguém o retira da caixa de ferramentas e o usa para quebrar alguns galhos para pôr na lareira. O martelo fica cheio de alegria. Ser segurado, utilizado com eficácia, batendo nos galhos — ele ama aquilo. No final do dia, entretanto, ele ainda se sente insatisfeito. Bater nos galhos foi divertido, mas não foi o bastante; algo ainda estava faltando. Nos dias seguintes, ele foi usado frequentemente: desamassou uma calota, despedaçou algumas pedras, colocou o pé de uma mesa no lugar. Ainda assim, continua insatisfeito. Ele anseia por mais ação. Ele quer ser usado o máximo que puder para bater nas coisas ao seu redor, para quebrar, despedaçar e amassar coisas.

Ele descobre que não experimentou o bastante esses eventos para se sentir completo. Fazer mais dessas mesmas coisas, ele acredita, é a solução para sua insatisfação.

Então um dia alguém usa o martelo em um prego. De repente, uma luz invade a alma do martelo. Ele agora entende para que foi verdadeiramente projetado. Foi feito para bater pregos que fixam coisas muito mais complexas, como cadeiras, mesas e até casas. Agora, ele descobre o que sua alma de martelo estava buscando por tanto tempo.

Essa ilustração nos revela o conceito de *propósito*. Propósito é definido como aquilo que se busca alcançar, desígnio, objetivo, finalidade. Eu gosto de definir propósito de vida como *aquilo que faz pulsar nosso coração* e nos faz levantar todos os dias, pois nos dá satisfação em viver de acordo com a forma que fomos criados, nossos dons, talentos, paixões e experiências. Propósito de vida está relacionado à nossa identidade, às nossas experiências e às ações que realizaremos para um fim maior. Propósito está relacionado com o ser e o fazer.

Podemos ir além do propósito específico de nossas vidas. Podemos encontrar *o sentido último da vida*. Voltando à ilustração do martelo, imagine que ele pudesse se encontrar com o marceneiro e descobrir que, mais do que bater pregos para construir coisas maravilhosas, ele poderia se relacionar com o marceneiro e ser transformado à imagem dele.

Paulo encontrou em Jesus algo além do propósito específico da sua vida. Paulo encontrou esse sentido último da vida. Ele encontrou conexão profunda com Deus por meio de Jesus. Era isso que lhe dava resiliência, superação para alinhar seu propósito e sentir satisfação, mesmo nas condições mais difíceis, e o lançava em transcendência ao Criador.

Viktor Frankl, psiquiatra que descreveu e refletiu sobre a vida nos campos de concentração nazista, e que foi criador da Logoterapia, em suas obras e estudos, revela o ser humano como um ser em busca de sentido[1]. À medida que intencionalmente nos conhecemos, podemos encontrar sentidos, ou melhor, propósitos específicos para nossa vida, que certamente nos trarão conforto e realização. Entretanto, creio que essas descobertas de "sentidos" são apenas fragmentos de algo maior que é *o sentido último da vida*. Por mais que o ser humano alcance sentidos específicos que trazem certo preenchimento, o sentido maior da vida é inalcançável pelas próprias forças humanas.

O ser humano é naturalmente resistente a um encontro com o Criador, o sentido último da vida, pois o pecado original, existente em cada um de nós, tende a nos levar a uma egolatria, a um egocentrismo.

O pecado nos aprisiona e nos impede de transcender. Esse aprisionamento leva as pessoas a preencherem sua necessidade de sentido com coisas que geram ainda mais vazios; são as buscas de sentido no materialismo, na autoafirmação, no sucesso pessoal e no hedonismo. Até as expressões de religiosidade podem se tornar uma forma de autoafirmação nas performances e ativismos criados para o próprio sucesso religioso ou para o sucesso de uma organização religiosa. Paulo vai falar disso no capítulo 3 da carta aos Filipenses, que veremos mais à frente.

Ao encontrar o *sentido da vida* em Jesus, Paulo alinha seu propósito específico de vida para abençoar vidas; agora em

---

[1] FRANKL, Viktor E. *Em busca de sentido*. Editora Auster, 2023.

Jesus, suas ações o levam a transcender em direção a Deus e em direção às pessoas.

Importante lembrar que propósito é o desejo de realizar, o que faz pulsar o coração e levantar todos os dias, pois lhe dá satisfação por estar vivendo de acordo com a sua forma, ou seja, seus dons, seus talentos, habilidades e experiências.

Para Paulo, estava claro que seus dons de evangelista, mestre e apóstolo, juntamente com sua experiência e conhecimento das culturas judaica e greco-romana e sua paixão por etnias, lhe davam condições de entrar na Europa para testemunhar tanto a judeus, gregos ou bárbaros.

Era essa consciência de propósito, de quem ele era e qual a sua missão, que lhe dava autoridade para dizer que "...já não sei o que escolher! Estou pressionado dos dois lados: desejo partir e estar com Cristo, o que é muito melhor; contudo, é mais necessário, por causa de vocês, que eu permaneça no corpo. Convencido disso, sei que vou permanecer e continuar com todos vocês, para o seu progresso e alegria na fé" (Fp 1:22-25).

ORANDO A PALAVRA

Senhor, desejo viver alinhado ao principal sentido da minha vida: relacionar-me verdadeiramente contigo. Ensina-me a viver assim e que, constrangido e impulsionado pelo Teu imenso amor, eu possa transbordar amor aos que estão à minha volta e viver o meu propósito.

DESAFIO

Reafirme Jesus como *o sentido supremo da sua vida*. Fale com Ele em oração declarando a entrega plena de sua vida a Ele. Declare que Ele é a razão maior de sua vida. Qual o propósito específico da sua vida? Nesse propósito, aparece a contribuição para o bem comum na vida de pessoas e sociedades?

Se, no seu propósito, você estiver voltado apenas para si, você ainda precisa romper com falsos deuses, falsos amores em seu coração que lutam para lhe afastar do *sentido da vida* que é Jesus.

Que tal falar com líderes de sua comunidade de fé e pedir ajuda para você conhecer seus dons, talentos, habilidades e temperamentos? Conversar com eles sobre propósito específico na vida?

DIA 4

RESISTÊNCIA

*Não importa o que aconteça, **exerçam a sua cidadania de maneira digna do evangelho de Cristo**, para que assim, quer eu vá e os veja, quer apenas ouça a seu respeito em minha ausência, fique eu sabendo que **vocês permanecem firmes num só espírito, lutando unânimes pela fé evangélica, sem de forma alguma deixar-se intimidar por aqueles que se opõem a vocês. Para eles isso é sinal de destruição, mas para vocês de salvação, e isso da parte de Deus; pois a vocês foi dado o privilégio de, não apenas crer em Cristo, mas também de sofrer por ele**, já que estão passando pelo mesmo combate que me viram enfrentar e agora ouvem que ainda enfrento.* (Filipenses 1:27-30)

Você já passou por algum tipo de perseguição, seja pela sua fé, seus valores ou por defender o que é correto? Pessoas já perseguiram você por ignorância, por terem sidos levadas por *fake news*, desconhecimento de quem você realmente é ou mesmo porque simplesmente desejavam fazer maldade?

A perseguição contra os cristãos tem aumentado no mundo a cada ano. Em 2018, 245 milhões de cristãos foram perseguidos, tendo esse número aumentado para 260 milhões em 2019. O maior desafio na perseguição é resistir. Paulo, ao escrever aos Filipenses, os chama à resistência. O teólogo Ralph P. Martin[2] explica que, nessa carta, Paulo usa muitos

---

[2] MARTIN, Ralph P. *Filipenses: introdução e Comentário*. 1985: p.96.

termos militares, contexto que ele carregava do ambiente romano. Então ele faz uma analogia às batalhas romanas, pedindo para aquela comunidade não retroceder, mas "permanecerem firmes", como soldados em seus postos, "lutando unânimes pela fé evangélica, sem de forma alguma deixar-se intimidar por aqueles que se opõem..." (Fp 1:27-28).

Diferentemente da resiliência, que é a capacidade dos materiais de absorverem a pressão, armazenarem energia e se recuperarem, a resistência é a energia que o material precisa ter para suportar o impacto sem sofrer uma fratura. A resistência também é a particularidade do que é tenaz, é o que demonstra perseverança e obstinação.

Nesses versículos, o apóstolo nos mostra alguns princípios que nos ajudam a resistir nos momentos de perseguição. Warren Wiersbe[3] resume Filipenses 1:27-30 em: **coerência** — "exerçam a sua cidadania de maneira digna do evangelho de Cristo"; **cooperação para unidade** — "fique eu sabendo que vocês permanecem firmes num só espírito, lutando unânimes pela fé" (v.27); e **confiança** — "sem de forma alguma deixar-se intimidar por aqueles que se opõem a vocês. Para eles isso é sinal de destruição, mas para vocês de salvação, e isso da parte de Deus; pois a vocês foi dado o privilégio de, não apenas crer em Cristo, mas também de sofrer por ele, já que estão passando pelo mesmo combate que me viram enfrentar e agora ouvem que ainda enfrento" (vv.28-30).

Certa vez, ouvi uma história sobre um líder de uma grande comunidade cristã. Um representante da sociedade bíblica foi visitá-lo em seu apartamento. Quando chegou e

---

[3] WIERSBE, Warren W. *Comentário bíblico expositivo*. Vol. 6. 2006: p.105.

interfonou, o líder perguntou: "O assunto que você veio tratar comigo é material ou espiritual?". O representante, sem entender o questionamento, pediu que ele explicasse.

Então o líder continuou: "Se o assunto for material, você veio conversar sobre a venda de Bíblias, se for espiritual, você veio conversar sobre a Bíblia". O representante respondeu: "Desculpe-me, eu não consigo separar o material do espiritual, eles estão conectados".

Aquele líder compartimentalizava sua vida entre o sagrado e o profano. Eu mesmo já encontrei pessoas que fazem isso. Lembro-me de situações em que confrontei a pessoa sobre sua atitude ética e a fé que ela professava e a resposta que ouvi foi: "não misturo as coisas pastor! Fé é uma coisa; negócios, outra". Viver de forma "digna do evangelho de Cristo" é viver com integridade e coerência; é não ter uma vida compartimentalizada. Resistência exige coerência! Coerência é o maior desafio para os dias atuais.

Vivemos o tempo do grande mercado de ofertas religiosas e ideológicas. O acesso às redes sociais digitais tem colocado em evidência todo tipo de guru religioso e ideológico e muitas pessoas vivem de um lado para o outro sendo levadas por todo vento de doutrina. Isso tem produzido a fragmentação da pessoa e da sociedade e a consequente perda da unidade interior e hierarquia de valores que geram em nós resistência.

Outro tipo de coerência que carecemos em nossos dias é a coerência entre o que cremos e o nosso estilo de vida. Nossa doutrina precisa refletir ética pública. Não é difícil encontrar quem frequenta cultos cristãos ou se denomina evangélico, mas, durante a semana, age de maneira corrupta e, nas redes sociais, é extremamente beligerante.

Para adquirirmos resistência e resiliência, precisamos viver de forma fiel e coerente com aquilo que acreditamos e com isso refletir em nossas atitudes a fé que professamos. A compartimentalização da vida, dividindo o sagrado do profano, o espiritual do material, nos fragiliza e, na hora da adversidade, da pressão e perseguição, não temos integridade capaz de nos dar resistência e resiliência. Rompemos diante da primeira adversidade.

A igreja de Filipos era pressionada pelo estilo de vida romano, que era motivo de orgulho entre as nações e principalmente na cidade de Filipos, mas Paulo os desafia a viverem um padrão superior, como cidadãos do Céu, exercendo "a sua cidadania de maneira digna do evangelho de Cristo". Um estilo de vida coerente com a Palavra de Deus é a maior arma contra o inimigo.

O segundo princípio apresentado por Paulo para termos resistência é o princípio da cooperação para unidade, "firmes num só espírito, lutando unânimes pela fé". Cooperar pela unidade é mais do que fazer o que é certo; é fazer o que é certo buscando a unidade. Como é difícil isso em nossa família, empresa e igreja. Isso não é tão simples. Muitas vezes, as pessoas até fazem o seu trabalho bem-feito, até fazem com a motivação correta, mas não fazem em unidade com outras pessoas.

Fazer o que é correto é fundamental. Entretanto, não podemos fazer o que é correto egoisticamente, de maneira dividida. Em uma batalha, os soldados não poderiam avançar individualmente, mas deveriam cuidar uns dos outros com espírito de unidade, observando as necessidades uns dos outros e cuidando do objetivo final. Esse é o sentido dos termos militares usados por Paulo. Isso também ocorre em um jogo de futebol. Imagine se todos os jogadores decidirem fazer gol, sem pensar coletivamente, o que aconteceria?

O princípio da cooperação para unidade é: fazer o que é correto, com a motivação correta, cooperando para a unidade correta. Esse princípio, unido à coerência, daria condições à comunidade de Filipos de resistir às pressões externas. O mesmo acontece em nosso ambiente familiar, na igreja ou na empresa. A falta de cooperação para unidade pode destruir uma família ou uma organização quando surge a pressão externa, pois não acumulamos energia suficiente para resistir o dia mal.

Em seguida, Paulo nos ensina que a coerência individual e a cooperação para unidade precisam ser guiadas pela fé e pela confiança. Quando somos coerentes com nossa fé e rompemos com o individualismo cooperando em unidade, nossa confiança é exponencializada. É nesse momento que nos tornamos verdadeiramente um só corpo. Transcendemos de nós mesmos para o próximo em unidade de cooperação e assim conseguimos enfrentar os adversários sem temor. O salto da resiliência e resistência para "transiliência" está no relacionamento com Deus (coerência) e com o próximo (cooperação).

É isso que faz com que Paulo possa dizer a eles: não retrocedam! E, além disso, exortá-los a permanecerem "firmes num só espírito, lutando unânimes pela fé evangélica, sem de forma alguma deixar-se intimidar por aqueles que se opõem a vocês. Para eles, isso é sinal de destruição, mas para vocês de salvação, e isso da parte de Deus; pois a vocês foi dado o privilégio de, não apenas crer em Cristo, mas também de sofrer por ele, já que estão passando pelo mesmo combate que me viram enfrentar e agora ouvem que ainda enfrento" (Fp 1:27-30).

ORANDO A PALAVRA

Senhor, ajuda-me a crescer em resiliência e resistência, me ajude a transcender em direção a ti e ao meu próximo em cooperação. Meu desejo é que, nos momentos de adversidade, eu possa crescer como pessoa e exercer minha cidadania cristã com piedade, coerência, dignidade e com o espírito de cooperação. Senhor, conseguirei isso apenas com a Tua ajuda. Venha a mim o Teu reino.

DESAFIO

Você tem vivido com coerência e integridade? Avalie sua vida e veja se você não a tem compartimentalizado. Avalie se você tem separado o material do espiritual, o sagrado do profano. Você vê a gestão das suas finanças como algo sagrado? A gestão do seu tempo? O que você lê, ouve e vê? Nos negócios que você faz, você faz com temor a Deus? Avalie sua vida e entregue ao Senhor as áreas que precisam ser santificadas a Deus para que haja coerência!

Você tem cooperado pela unidade na sua casa, na igreja ou no trabalho? Quando você faz as coisas mais simples em casa, você faz isoladamente ou com espírito de cooperação pensando no todo. Isso vale para sua vida estudantil, empresarial e ministerial.

DIA 5

RESISTÊNCIA E SUBMISSÃO

Não importa o que aconteça, exerçam a sua cidadania de maneira digna do evangelho de Cristo, para que assim, quer eu vá e os veja, quer apenas ouça a seu respeito em minha ausência, fique eu sabendo que vocês permanecem firmes num só espírito, lutando unânimes pela fé evangélica, sem de forma alguma deixar-se intimidar por aqueles que se opõem a vocês... (Filipenses 1:27-28)

Dietrich Bonhoeffer, teólogo e pastor durante o período da Alemanha nazista, é um modelo para todos nós de resistência ao totalitarismo e à tirania. Ser protestante e resistir a um tirano que se apresentava como cristão e era defendido pelos "cidadãos de bem" era algo perigosíssimo na Alemanha nazista. As narrativas criadas para sustentação da ditadura de Hitler eram carregadas de discursos de defesa da igualdade social e moralidade cristã. Isso seduziu desde deístas, neopagãos até pastores e padres de sua época.

No mesmo período, em 1938, entrou em vigor no Brasil a Circular Secreta 1.127, que restringia a entrada de judeus no país. A brasileira Aracy Moebius de Carvalho Guimarães Rosa trabalhava como chefe na Seção de Passaportes em Hamburgo, na Alemanha. Aracy ignorou a circular e continuou preparando vistos para judeus, permitindo sua entrada no Brasil. Como despachava com o cônsul geral, ela colocava os vistos entre a papelada para assinaturas, fazendo com que ele permitisse, sem saber, a vinda de judeus para o Brasil. Para obter a aprovação dos vistos, Aracy simplesmente deixava de pôr neles a letra "J", que identificava quem era judeu. Aracy arriscou seu emprego e sua vida com esse gesto e conseguiu livrar muitos judeus dos campos de concentração e da morte. Aracy foi agraciada pelo governo de Israel com o título de "justa entre as nações".

A história dos seguidores de Jesus, desde os seus primórdios, está repleta de ações de homens e mulheres que resistiram às perseguições em meio às mais diversas ideologias políticas e se mantiveram firmes no evangelho. Muitos pagaram com suas vidas e muitos outros colocaram em risco suas vidas e de suas famílias. Poderíamos dedicar páginas e páginas para falar dos primeiros cristãos que acolheram em suas casas órfãos e viúvas abandonados à morte; receberam refugiados políticos condenados; lutaram como William Wilberforce e Martin Luther King contra a discriminação racial, dentre outras inúmeras ações. Poderíamos falar ainda da imensidão de missionários que deram suas vidas para que o evangelho salvasse tantas outras e transformasse culturas de morte em culturas de liberdade e defesa dos direitos humanos.

O evangelho proclama salvação e acolhimento a todas as pessoas, independentemente de sua origem étnica, classe social e padrão moral. Era isso que os primeiros cristãos faziam, acolhendo desde os religiosos judeus, pessoas comuns, passando por criminosos, gladiadores, prostitutas, até os soldados da casa de César.

A mensagem em Filipenses nos chama à resistência, toda vez que vidas e princípios divinos estão em risco. Paulo diz nessa carta: "Não importa o que aconteça, exerçam a sua cidadania de maneira digna do evangelho de Cristo [...] permanecem firmes num só espírito, lutando unânimes pela fé evangélica, sem de forma alguma deixar-se intimidar por aqueles que se opõem a vocês".

Na China, no Sudão, nos países árabes e mesmo nos países democráticos da Europa, muitos estão determinados a reprimir e até mesmo a eliminar a fé cristã e, para isso, usam todos os recursos ao seu alcance. N. T. Wright[4], em seu comentário sobre Filipenses, vai além e diz que, no mundo ocidental pós--cristão, as forças do ceticismo e do cinismo de nossa cultura e as forças de *mainstream* da mídia usam meios sutis para eliminar valores cristãos. Mas não devemos retroceder!

O seguidor de Jesus enfrenta em nossos dias o embate direto e indireto. O embate direto está nas forças que reprimem explicitamente a fé com violência física. O embate indireto está nas forças ideológicas que agem sutilmente com discurso usando meias verdades cristãs. De um lado, com as narrativas da compaixão e justiça, mas sendo leniente com a imoralidade e ofertando a adoração ao Estado. Do outro lado, com as narrativas de pureza moral, mas cedendo espaço ao totalitarismo e à discriminação, ofertando adoração ao mercado e aos salvadores da pátria. O discípulo de Jesus vive "a sua cidadania de maneira digna do evangelho de Cristo"; o seu padrão de vida não é ideológico, seja à esquerda, ao centro ou à direita; sua cidadania é focada no evangelho de Cristo.

Dos primeiros cristãos na Europa à Igreja confessional na Alemanha Nazista, sempre somos chamados à resistência a algum aspecto da cultura vigente. Com resistência e resiliência, os discípulos de Jesus resistiram ao Estado, sempre

---

[4] WRIGHT, N. T. *Paulo para todos: cartas da prisão: Efésios, Filipenses, Colossenses e Filemon.* 2020: p.117.

que este atentou contra a vida e contra valores caros à fé. Resistiram às culturas pagãs, às perseguições e, mais recentemente, ao secularismo. Contudo, embora nossa resistência seja dinâmica, nossa submissão não é; ela sempre foi e será ao senhorio de Cristo, pois, para aqueles que nos perseguem, a nossa dor é sinal de destruição, mas para nós é salvação. Quando sofremos pela verdade e pela vida, vemos isso como privilégio. Como disse Paulo: "pois a vocês foi dado o privilégio de, não apenas crer em Cristo, mas também de sofrer por ele, já que estão passando pelo mesmo combate que me viram enfrentar e agora ouvem que ainda enfrento" (Fp 1:28-30).

N. T. Wright[5] nos fala que o sofrimento pela resistência virá mais cedo ou mais tarde sobre aqueles que verdadeiramente são submissos ao único Senhor, Jesus, o Cristo. É verdade! Os oponentes do evangelho vão se voltar contra cristãos que vivem a cidadania do Céu "de maneira digna do evangelho de Cristo". Tente, como funcionário de uma organização, se recusar a mentir em uma cultura onde o jeitinho e a mentira são tolerados e corra o risco de perder o emprego; procure, como empresário ou funcionário público, recusar suborno e se transformará em um excluído do convívio social; defenda os direitos humanos e punições justas a criminosos e será visto como leniente; lute pelos direitos dos refugiados, dos órfãos e das minorias, como fizeram Luther King e Bonhoeffer, e será tachado de esquerdista; defenda a heteronormatividade e seja contra o aborto e será visto como fascista.

---

[5] Idem, p. 119.

O chamado à resistência ecoa nas mentes e corações de todos aqueles que puderam contemplar, pela fé, Jesus sobre a cruz do calvário dando sua vida em favor de todos, independentemente de suas histórias, etnias e classes sociais.

ORANDO A PALAVRA

Querido Pai, ensina-me a ver as situações e circunstâncias da vida com os valores do Teu Reino. Concede-me discernimento para não me deixar seduzir por situações pequenas ou grandes, que estejam em desacordo com Teus princípios. Que o amor e o respeito a ti e ao próximo, a valorização da vida, a igualdade entre as pessoas, a dignidade humana, a integridade de caráter, dentre tantos outros valores divinos, sejam a base da minha vida e que, assim, sem titubear, eu possa resistir a tudo o que possa colocar em risco o Teu plano para mim.

DESAFIO

Quais questões de uma vida coerente com o evangelho você tem enfrentado? Se não tem enfrentado, avalie seu estilo de vida e veja se você não tem sido conivente com alguma injustiça ou pecado? Romper com esse pecado trará alguma perseguição sobre sua vida? Coloque diante de Deus, busque conselhos de líderes sábios e se prepare para um novo patamar na sua vida.

DIA 6

UNIDADE: ENERGIA PARA RESISTÊNCIA E RESILIÊNCIA

Se por estarmos em Cristo, nós temos alguma motivação, alguma exortação de amor, alguma comunhão no Espírito, alguma profunda afeição e compaixão, completem a minha alegria, tendo o mesmo modo de pensar, o mesmo amor, um só espírito e uma só atitude. Nada façam por ambição egoísta ou por vaidade, mas humildemente considerem os outros superiores a si mesmos. Cada um cuide, não somente dos seus interesses, mas também dos interesses dos outros. Seja a atitude de vocês a mesma de Cristo Jesus. (Filipenses 2:1-5)

Conta-se que, na carpintaria, houve uma estranha reunião de ferramentas para tirar as suas diferenças. O martelo exerceu a presidência, entretanto, foi notificado a renunciar porque fazia demasiado ruído e passava o tempo todo golpeando. O martelo aceitou sua culpa, mas pediu que também fosse expulso o parafuso. Disse que ele necessitava dar muitas voltas para que servisse para alguma coisa.

Ante o ataque, o parafuso aceitou também, mas pediu a expulsão da lixa. Disse que era muito áspera em seu tratamento e sempre teria atritos com os demais. A lixa esteve de acordo, impondo a condição que também fosse expulso o metro, que sempre ficava medindo os demais segundo a sua medida, como se fosse o único perfeito.

Nisso, entrou o carpinteiro, colocou o seu avental e iniciou o seu trabalho. Utilizou o martelo, a lixa, o metro e o parafuso. Finalmente, a grossa madeira se converteu em um lindo móvel. Quando a carpintaria ficou novamente só, a reunião das ferramentas recomeçou.

Então disse o serrote: "Senhores, está demonstrado que todos temos defeitos, entretanto, o carpinteiro trabalha com nossas qualidades. Isto é que nos faz valiosos. Assim, superemos nossos pontos negativos e concentremo-nos na utilidade de nossos pontos positivos". Todos concluíram então que o martelo era forte, o parafuso unia e dava força, a lixa era especial para afinar e limar a aspereza e observaram que o metro era preciso e exato. Sentiram-se então uma equipe de produzir móveis de qualidade. Sentiram-se felizes com suas fortalezas e por trabalharem juntos.

Essa ilustração revela o que acontece conosco como seres humanos. Temos a tendência de enxergar apenas os defeitos dos outros e isso é fruto da nossa natureza pecaminosa. Mas aprendemos no início dessa jornada que é preciso enxergar o copo meio cheio e não meio vazio. Se estamos buscando ir além da resiliência, precisamos aprender a viver em unidade. Para isso, o primeiro passo necessário é aprender a ver os aspectos positivos das pessoas. Cada pessoa tem suas áreas de crescimento e que geram um certo desconforto em que está próximo, mas não podemos deixar que isso seja impedimento para alcançarmos um propósito maior através da cooperação e unidade. Esse é um princípio muito importante na vida daqueles que procuram ir para além da resiliência.

O capítulo 2 da carta aos Filipenses fala sobre a unidade para enfrentar as lutas externas e internas. Esse capítulo nos chama a olhar para nós mesmos e para os ambientes em que vivemos e nos questionarmos: o que existe em nós, em nossas casas, nas organizações em que trabalhamos, que podem criar rupturas internas? E ainda: o que existe em nós mesmos, em nossas casas, nas organizações em que trabalhamos, que podem trazer unidade? O apóstolo Paulo escreveu:

> *Se por estarmos em Cristo, nós temos alguma motivação, alguma exortação de amor, alguma comunhão no Espírito, alguma profunda afeição e compaixão, completem a minha alegria, tendo o mesmo modo de pensar, o mesmo amor, um só espírito e uma só atitude. Nada façam por ambição egoísta ou por vaidade, mas humildemente considerem os outros superiores a si mesmos. Cada um cuide, não somente dos seus interesses, mas também dos interesses dos outros. Seja a atitude de vocês a mesma de Cristo Jesus.* (Filipenses 2:1-5)

O apóstolo chama a atenção daquela comunidade de discípulos em Filipos para cada um olhar seus valores e olhar os valores dos demais e "humildemente considerar os demais superiores a si mesmos". Assim como na ilustração da carpintaria, todos devem estar submissos ao carpinteiro e reconhecendo suas habilidades individuais e de seus companheiros.

Em sua carta, Paulo enfatiza algo muito importante: a nossa unidade precisa começar em Jesus. Ele é o carpinteiro que dá propósito e sentido último à vida. A carta começa dizendo neste capítulo: "Se por estarmos em Cristo...". Estar em Cristo é o primeiro passo, pois Ele é a fonte de energia para resistirmos e irmos além da resiliência. É nele que fortalecemos nossa unidade interna, primeiro dentro de nós para que, depois, tenhamos condições de unidade com as pessoas.

É em Cristo que desenvolvemos as virtudes relacionais que estão na seguinte continuidade: "exortação de amor", "comunhão no Espírito", "profunda afeição" e "compaixão" (Fp 2:1). Paulo fala sobre uma unidade que é embasada em afeto, em sensibilidade espiritual, em afeição com o outro e na compaixão, que é o desejo de aliviar o sofrimento do próximo. Essas são as características que nos tornam capazes de ir para além da resiliência. São essas virtudes que nos levam a alinhar os pensamentos uns com os outros, que nos afastam de comportamentos murmuradores e que nos levam a ter "o mesmo modo de pensar, o mesmo amor, um só espírito e uma só atitude" (v.2). O nosso foco não pode estar em nós mesmos, mas em Cristo e no evangelho que veio para transformar o mundo em seu nome.

O apóstolo, depois de mostrar que em Cristo temos a nossa fonte de energia e direção para resistência e resiliência, apresenta a unidade como núcleo dessa energia e de ações práticas que precisamos desenvolver, assim como Jesus desenvolveu. Ele diz: "Nada façam por ambição egoísta ou por vaidade, mas humildemente considerem os outros superiores a si mesmos. Cada um cuide não somente dos seus interesses, mas também dos interesses dos outros. Seja a atitude de vocês a mesma de Cristo Jesus" (vv.3-5).

Durante a pandemia da COVID-19, por esquecimento, saí para fazer uma caminhada no condomínio em que moro sem usar a máscara de proteção. Após um tempo, no grupo de *WhatsApp* do condomínio, um vizinho reclamou que havia pessoas que não respeitavam o uso de máscaras nas áreas comuns. Não sei se a mensagem foi motivada pelo meu comportamento, mas, ao recebê-la, meu sentimento imediato foi de revolta e racionalização para a atitude de meu vizinho. De imediato, eu foquei no lado negativo de sua postagem. Mas, pela graça de Deus, em um momento de oração no dia seguinte, percebi a voz do Espírito Santo me guiando em outra direção: por que aquele vizinho postou aquela mensagem? Por que ele estava tão preocupado? Não seria melhor pedir perdão por ter saído sem máscara e lançar um espírito de unidade no condomínio? Foi quando este texto me veio à mente: "Nada façam por ambição egoísta ou por vaidade, mas humildemente considerem os outros superiores a si mesmos".

De imediato, escrevi um texto no grupo de *WhatsApp* pedindo perdão e isso trouxe um relacionamento mais profundo com as pessoas próximas a mim. A partir daquela atitude, outras pessoas começaram a se expressar, dizendo: "Que bom, nós temos que nos unir aqui e cuidar um do outro". Em vez de criarmos uma ruptura no grupo, fortalecemos a unidade. Depois, descobri que aquele vizinho, logo no início da pandemia, tinha perdido amigos em decorrência da doença e o seu zelo era pelo bem comum.

Fomos chamados para ser agentes de paz em todos os lugares e as aflições do outro precisam despertar em nós uma intensa compaixão. Por isso, é necessário ouvir e não apenas julgar as pessoas. Sabe aquela pessoa que você não conhece direito ou não se dá bem com ela? Antes de só ouvir o que os outros têm a dizer sobre ela, convide-a para almoçar ou para um café; tente conhecê-la, pergunte sobre a sua história. Você irá se surpreender.

A unidade, tendo Jesus como fonte, nos leva a executar a proeza extraordinária de olhar para os outros na premissa de que eles e suas necessidades são mais importantes do que nós mesmos. Esse é o paradigma do amor focado em Jesus: amar ao próximo como Jesus amou.

N. T. Wright[6] nos lembra que a unidade em si não é o objetivo final neste texto. Afinal, a unidade é possível entre ladrões, adúlteros e muitas outras agremiações de pessoas que nem sempre buscam o bem comum. Aqueles que cometem genocídio agem com uma mentalidade estreita e corporativa, como ocorreu nos sistemas nazistas e socialistas, quando mataram milhões de pessoas. Wright ainda diz que alinhar o pensamento uns com os outros não vai adiantar se todos estiverem pensando em algo que está desalinhado com os valores do Reino de Deus.

O amor que devemos ter é aquele que o evangelho de Jesus produz e sustenta. Nossas vidas interiores fragmentadas pelo pecado precisam da presença de Cristo para gerar unidade em nós e com Ele. Nossos relacionamentos precisam estar interligados pelos valores do Reino de Deus que refletem o evangelho. Assim nos alinhamos e levamos as pessoas a se alinharem ao *sentido da vida*. Devemos buscar a unidade que leva ao *sentido da vida*, Jesus.

Voltando à ilustração inicial sobre a carpintaria, o que importa é que estejamos nas mãos do Carpinteiro e que, como ferramentas, trabalhemos em conjunto com Aquele que foi a primeira ferramenta usada por Deus, Jesus de Nazaré, e agora continua a trabalhar até a obra estar totalmente pronta.

---

[6] Idem, p. 122.

ORANDO A PALAVRA

Como ferramenta nas mãos do carpinteiro, Senhor, usa-me para, juntamente com meus irmãos, cumprir o meu propósito de abençoar vidas. Que eu possa ver os outros como essenciais na vida; que eu saiba valorizar suas qualidades e ajudá-los a crescer no que precisam. Ensina-me também a ser humilde, aceitar os conselhos e opiniões dos outros e ver que eu também preciso de crescimento. Que eu possa produzir unidade e vida! Amém!

DESAFIO

Você reconhece que é necessário olhar para o outro com humildade e empatia? Você percebe o lado bom das pessoas? Quem são as pessoas com as quais você tem tido dificuldade de se relacionar? Que tal conhecer melhor a história delas? Convidá-las para um café e ouvir suas histórias sem julgamento?

SHABAT

O DESCANSO NO SENHOR

Nessa semana, a carta da resiliência nos conduz a pensar sobre o viver aqui e o viver o Céu; sobre viver com olhos no presente, mas com o foco no futuro, um futuro eterno, de plenitude e paz. Baseado nisso, Paulo declara que para ele "o viver é Cristo e o morrer é lucro" (Fp 1:21).

Fomos desafiados a entregar totalmente nossa vida a Jesus, a viver baseado em Seus propósitos e em Seu amor, a nos entregar em serviço aos outros, a fortalecê-los na fé, a buscar a unidade com outros que também querem crescer à imagem de Jesus, que querem ser igreja.

Da mesma forma que Jesus é o Gigante que nos leva em Seus ombros, Ele nos forja a sermos gigantes de outros. Quem são os gigantes que levam você para mais perto de Jesus e que inspiram o seu caráter na vida? Caso não venha nenhum nome à sua mente, é hora de descobrir estes gigantes, que não são perfeitos, mas nos ajudam a crescer ainda mais.

E você, já é gigante para alguém? O que acha de intencionalmente começar a investir em pessoas que ainda não conhecem a Jesus para levá-las para mais perto do Mestre? Para ser a inspiração de alguém que tem Jesus como *sentido da vida*?

Agora, conhecendo ainda mais a Jesus e se autoconhecendo, que tal ver como seu propósito de vida pode lhe mover para transformar esse mundo trazendo paz e justiça onde reinam as trevas? Que tal se unir a outras pessoas que encontraram em Jesus o *sentido da vida* para promoverem vida neste mundo sem vida?

Minha oração é que o Espírito Santo o inspire e capacite a viver para além da resiliência, a viver como filho(a) de Deus!

SEMANA 4

UNIDADE E SERVIÇO

DIA 1

HUMILDADE: A VIRTUDE MOTORA DA UNIDADE

Se por estarmos em Cristo, nós temos alguma motivação, alguma exortação de amor, alguma comunhão no Espírito, alguma profunda afeição e compaixão, completem a minha alegria, **tendo o mesmo modo de pensar, o mesmo amor, um só espírito e uma só atitude.** *Nada façam por ambição egoísta ou por vaidade,* **mas humildemente considerem os outros superiores a si mesmos.** *Cada um cuide, não somente dos seus interesses, mas também dos interesses dos outros.* **Seja a atitude de vocês a mesma de Cristo Jesus.** (Filipenses 2:1-5)

Ainda bem jovem, aprendi algo fundamental quando servi na igreja junto ao ministério com crianças. Aprendi que, para ganhar o coração e o respeito daqueles pequeninos, eu deveria, sempre que fosse conversar com eles e principalmente quando fosse ensiná-los ou exortá-los, me abaixar na altura deles e olhar nos seus olhos.

É interessante que, em uma sala com várias crianças, a atitude que temos com uma reflete em todas. Lembro de estar com as crianças agitadas em sala e me sentar no chão, começar a falar baixinho com algumas e as outras virem ao meu encontro para me ouvir. As crianças assimilam sua forma de agir e reagir e todas passam a lhe respeitar a partir do momento que você tem uma ação ou reação positiva com uma delas.

Olhando para Deus em relação a nós, poderíamos dizer que foi isto que Ele fez em relação à humanidade. Ele deixou

Sua glória e majestade e se abaixou, se sentou no chão para que aprendêssemos a ser um com Ele. Ele veio em uma família simples em uma manjedoura, perseguido e refugiado. Ele andou entre as pessoas simples e necessitadas. Ele se sentou no chão para que mesmo o mais pequenino dos seres humanos não ficasse longe dos Seus olhos.

É por isso que esse texto, ao nos desafiar para a unidade, pede humildade. Começa com "se por estarmos em Cristo" e termina com "seja a atitude de vocês a mesma de Cristo Jesus".

O apóstolo Paulo nos instrui sobre a importância e a força da unidade para nos dar resistência e resiliência, tornando-nos capazes de sermos lançados em "transiliência". Ele nos mostra que, para vivermos a unidade, precisamos estar primeiramente em unidade com Cristo. Essa vida em conexão com Cristo é a força que possibilita a conexão com o próximo e nos torna capazes de transcender. A atmosfera de adoração e desejo de ser como Jesus flui de nós para as pessoas independente de quem são e gera unidade. É somente a partir de Cristo que "temos alguma motivação, alguma exortação de amor, alguma comunhão no Espírito, alguma profunda afeição e compaixão" (Fp 2:1). São pilares que não são criação nossa, mas presentes dados por Deus por meio de Jesus Cristo. Em Cristo, conseguimos humildemente descer de nossa soberba e olhar nos olhos do outro para entender, aprender e conviver. Em Cristo, podemos avançar na humildade, a virtude motora da unidade. Em Cristo, podemos crescer no "mesmo modo de pensar, no mesmo amor, em um só espírito e em uma só atitude" (v.2).

O princípio da humildade, que aplicamos no relacionamento com as crianças, também se aplica aos adultos. Nossa tendência é, principalmente quando achamos que estamos certos, olharmos para os outros de cima para baixo e não os ouvirmos. Deus poderia ter olhado para nós de cima para baixo e nos julgado, mas Ele humildemente se fez gente e habitou entre nós para olhar nos olhos da pessoa que estivesse na condição mais baixa da humanidade. É por isso que somente em Cristo podemos nos livrar de atitudes soberbas e egoístas e "humildemente [considerar] os outros superiores a [nós] mesmos" (Fp 2:3).

Assim como hoje, a humildade não era bem-vista na época que Paulo escreveu Filipenses. Ralph Martin revela que "humildade era um termo de opróbrio no pensamento clássico, grego, tendo conotações de 'servilismo', como nas atitudes de um homem vil, ou de um escravo"[1]. Naquele império militarista e intelectualista, a humildade popularmente era vista como uma fraqueza. Não é diferente dos nossos dias de capitalismo desenfreado, competitivo, governos autoritários e busca frenética pelo hedonismo. Mas, para aqueles que querem ir para além da resiliência, a humildade em Cristo é a virtude que faz com que absorvamos a energia necessária para podermos nos lançar a um novo patamar. É um alvo a ser perseguido por um discípulo de Jesus, pois Deus "zomba dos zombadores, mas concede graça aos humildes" (Pv 3:34). A humildade deve ser a marca de um discípulo de Jesus, pois Seu Senhor e Mestre foi "manso e humilde de coração..." (Mt 11:29).

Ser humilde é ouvir o outro e estar realmente a fim de saber o que ele pensa e o porquê pensa daquele jeito. Paulo ressalta mais a postura do coração do que a uniformidade

---

[1] MARTINS, Ralph P. *Filipenses: introdução e comentário*, 1985: p.102.

quando escreve: "completem a minha alegria, tendo o mesmo modo de pensar". Ele enfatiza a disposição de busca pelo "mesmo amor, um só espírito e uma só atitude" (Fp 2:2). O desafio é termos uma postura humilde e, em amor, considerarmos que o outro pode estar certo. Isso não significa que devemos pensar exatamente igual, mas que precisamos nos alinhar naquilo que temos em comum.

A humildade abre as portas para a conexão espiritual. É a virtude resiliente que nos capacita a absorver o que vem do outro, seja uma crítica, uma ideia diferente ou mesmo uma acusação; não para ressentir e magoar, mas para crescer e nos lançar em "transiliência".

A humildade está ligada à disposição de amar; não com o amor egoísta, focado em mim mesmo, mas em Jesus que me conecta com o outro. O paradigma do amor não está em nós mesmos, mas em Jesus, nosso modelo de como amar. Isso gera um "mesmo amor, um só espírito e uma só atitude". Conectado a Jesus eu posso, assim como Ele, renunciar às minhas prerrogativas para me abaixar, ouvir e redefinir meus passos. É essa atitude que gera nas pessoas um mesmo sentimento e as tira de suas bolhas de egoísmo, permitindo que olhem para fora, para o outro e para Jesus. Essa atitude une as pessoas em um mesmo tom. Mesmo que as vozes sejam diferentes, o tom será o mesmo. Não existirá rivalidade ou competição, mas parceria e cooperação. Todos lançando luz não para si mesmos, mas para frente, para o mesmo alvo.

A humildade busca não apenas o nosso próprio interesse, mas o interesse do outro. O humilde não tem sede de fama e aplausos, pois a luz não está sendo lançada para si mesmo, mas para Cristo e consequentemente para os outros. Não há espaço para se embriagar com o poder, pois seu interesse não está apenas em si mesmo, mas também em cuidar do interesse do outro, como está escrito na carta aos Filipenses. Há uma solicitude em ver o outro crescer. É por isso que o supremo exemplo de humildade é Jesus. "Seja a atitude de vocês a mesma de Cristo Jesus" (Fp 2:5).

ORANDO A PALAVRA

Pai amado, quantas vezes tenho acreditado que a minha opinião é a que importa e que somente eu tenho razão. Quantas vezes isso tem levado a discussões dentro da minha casa e a intrigas no meu trabalho. Tenho estado, inúmeras vezes, desatento e sem empatia quanto o sofrimento do outro, até mesmo dos que conheço e estão perto de mim. Ou, ainda, quantas vezes sei do que precisam, mas não estendo a mão. Faz-me perceber que o pouco que eu der pode abençoar muito a vida do outro. Não falo apenas de recursos financeiros, mas também do meu tempo, minha atenção, meu cuidado e meu amor. Ensina-me a valorizar meu próximo, a colocar na minha agenda um tempo para perguntar, enviar mensagens, saber se ele está bem. Que meus dias sejam mais significativos. E que a humildade e o amor ao próximo que o Senhor tanto ensinou estejam presentes em mim. Amém!

DESAFIO

Que tal dedicar tempo para ouvir alguém que você tem julgado? Que tal buscar um encontro ainda essa semana?

DIA 2

VANGLÓRIA: O MAIOR INIMIGO DA UNIDADE

Nada façam por ambição egoísta ou por vaidade, mas humildemente considerem os outros superiores a si mesmos. Cada um cuide, não somente dos seus interesses, mas também dos interesses dos outros. Seja a atitude de vocês a mesma de Cristo Jesus. (Filipenses 2:3-5)

Vanglória. Talvez você não esteja familiarizado com esta palavra, mas eu creio que ela é a melhor tradução para a palavra grega que está no original deste texto, a palavra *Kenodoxia*. A versão bíblica Almeida Revista e Atualizada apresenta o versículo 3 desse texto nos seguintes termos: "Nada façais por partidarismo ou vanglória, mas por humildade, considerando cada um os outros superiores a si mesmo". Vanglória, ou *Kenodoxia*, como um substantivo, é usada exclusivamente nesse texto, dentre todo o Novo Testamento[2]. Essa palavra denota a loucura idólatra sobre si mesmo. No Novo Testamento, significa uma inclinação orgulhosa que leva a "ter alta opinião sobre si mesmo", que rapidamente leva ao desprezo dos outros (veja Gálatas 5:26); aquele que se vangloria de si mesmo faz do próprio "eu" um deus.

Vanglória é um forte desejo por reconhecimento e distinção que acaba criando partidos baseados em prestígio pessoal. A vanglória de alguns leva à formação de partidarismo nos grupos. Partidarismo é um fervor cego por uma divisão,

---

[2] CHAMPLIN R. N. *O Novo Testamento Interpretado* — Vol.5 Filipenses: p.26.

uma parte do todo. Ser partidarista é estar hiper focado em si mesmo e naqueles que acreditam como você, sem olhar e dialogar com os que pensam diferente. Isso é comum na esfera política, quando as pessoas se posicionam nos extremos ideológicos, mas também ocorre nos grupos familiares, empresariais e nas igrejas. Podemos até fazer a coisa certa com a motivação certa, mas atrasamos e até impedimos transformação quando não buscamos a unidade. O partidarista cheio de vanglória sempre quer ser o dono da solução.

No período em que trabalhei com juventude, por algumas vezes fiz uma atividade para representar o perigo da vanglória. Em um ambiente com aproximadamente 200 jovens, eu apagava as luzes e utilizava apenas uma lanterna para iluminá-lo. No início, apontava a lanterna para o meu rosto. O que acontecia? Escuridão total no restante do salão. Perguntava para eles: "o que vocês veem?" Eles diziam: "somente o senhor!" Eu questionava: "não veem seus amigos?" Eles respondiam: "fica difícil de ver, pois a luz nos atrai somente para o senhor!" Depois, eu apontava a lanterna para o teto e tentava andar entre eles. Tudo ficava escuro e eu andava com dificuldade, batendo nas pessoas e tropeçando. Fazia a mesma experiência apontando a lanterna para meu rosto. Da mesma forma, ao andar, eu batia e empurrava as pessoas.

Depois de fazer essa experiência e ouvir a reação deles, eu usava a mesma lanterna e iluminava a minha frente. O que acontecia é que eu iluminava o último adolescente dentro do salão de cultos. Iluminava o que estava mais distante de mim e dizia para eles: "Pensem que esse adolescente representa o nosso alvo, Jesus. Precisamos lançar a glória para Jesus a partir das pessoas que estão conosco. O foco da luz precisa estar à nossa frente. A luz não pode ser lançada para nós mesmos, nem para cima e nem para baixo, mas para frente, em direção ao alvo que é Jesus. Somente assim poderemos caminhar em direção ao nosso destino, valorizando as pessoas que Deus colocou à nossa volta e Ele mesmo as usará para as conquistas que não serão mais nossas, mas dele. Só assim vamos honrar aquele que é o Senhor da nossa vida e das nossas conquistas, Jesus".

Parece simples, mas essa dinâmica representa a nossa vida; representa todas as vezes que queremos o holofote apenas para nós mesmos ou que direcionamos nossos holofotes em nossas ideologias, religiões ou ambições individualistas. Todas as vezes que corremos em direção aos nossos desejos, tirando o foco de Jesus e das pessoas, atropelamos, esbarramos, machucamos e somos machucados; dizemos palavras que não deveríamos dizer, nos expressamos de maneira inadequada e achando que estamos indo para algum lugar, quando, na verdade, estamos perdidos. Toda vez que não colocamos o holofote em Jesus, estamos correndo desgovernados e sem destino.

Mas quando lançamos o holofote para Jesus, iluminamos outras pessoas e podemos vê-las com o mesmo amor, graça e misericórdia que Deus nos vê. Quando lançamos a glória para Jesus que está à nossa frente e pensamos nas pessoas que estão à nossa volta, todos são iluminados e geramos unidade em vez de partidarismos. Alinhamo-nos à providência divina que nos direciona para as pessoas certas que contribuirão para a vontade de Deus em nós.

Ter o holofote em Jesus nos levará a realmente não fazer nada "por ambição egoísta ou por vaidade, mas a humildemente [considerar] os outros superiores a [nós] mesmos". Isso nos levará a cuidar, "não somente dos [nossos] interesses, mas também dos interesses dos outros". Assim, a nossa atitude será "a mesma de Cristo Jesus".

Um verdadeiro aprendiz de Jesus, ao lançar luz para Ele, tem nele o modelo de vida e alvo. Ao lançar luz sobre as outras pessoas, buscar ouvi-las e considerar o valor de cada uma, torna-se flexível diante de atitudes e posicionamentos diferentes; passa a olhar não somente para si mesmo, mas para fora, para as pessoas à sua volta; passa a ser sensível com a realidade de cada uma. Não as vê como máquinas ou peças de uma engrenagem que precisa funcionar, mas como seres humanos que têm lutas pessoais, contra enfermidades do corpo e da alma. Passa a agir além do visível por "estar em Cristo", com "profunda afeição e compaixão". Assim como Jesus, vai além da resiliência. Vive "transiliência"!

ORANDO A PALAVRA

Pai nosso, refiro-me ao Senhor dessa forma, pois sei que não és somente meu Pai, mas nosso, como o Senhor Jesus nos ensinou. E sendo nosso, preciso olhar para os outros como irmãos, criados à Tua imagem e semelhança. Muitas vezes tenho agido buscando apenas meu sucesso pessoal e meus desejos individualistas, sem dar atenção aos outros e sem ouvir a Tua voz. Ajuda-me a tirar o foco de mim mesmo e direcioná-lo para ti. Que minhas ações estejam voltadas à Tua glória e que, assim, eu possa não só ver as bênçãos sobre a minha vida, mas também sobre a vida das pessoas que estiverem à minha volta.

DESAFIO

Avalie como você tem agido em seus relacionamentos. Jesus é o foco ou você tem colocado glória para si mesmo? Pense sobre as pessoas que você se relaciona. Você as usa ou as promove?

O seu propósito está alinhado com sua família, pais ou cônjuges? Às vezes, dentro do lar, o marido está indo para uma direção e a esposa para outra. Muitas vezes lançamos a luz para o nosso sucesso e não vemos mais nada e, então, pisamos na esposa, nos filhos e nos outros. Mas, quando lançamos nossa luz para Jesus, vemos as pessoas à nossa volta e o quanto precisamos olhar e interagir com elas. Vemos nosso cônjuge e nossos filhos e o quanto eles precisam de nós. Vemos a empresa como algo mais do que somente o lucro financeiro e podemos repensar seu ritmo de crescimento, sendo mais sustentável, valorizando as pessoas, os recursos e a natureza.

DIA 3

O SENHOR DA RESILIÊNCIA

Seja a atitude de vocês a mesma de Cristo Jesus, que, embora sendo Deus, não considerou que o ser igual a Deus era algo a que devia apegar-se; mas esvaziou-se a si mesmo, vindo a ser servo, tornando-se semelhante aos homens. E, sendo encontrado em forma humana, humilhou-se a si mesmo e foi obediente até à morte, e morte de cruz! Por isso Deus o exaltou à mais alta posição e lhe deu o nome que está acima de todo nome, para que ao nome de Jesus se dobre todo joelho, nos céus, na terra e debaixo da terra, e toda língua confesse que Jesus Cristo é o Senhor, para a glória de Deus Pai. (Filipenses 2:5-11)

No período em que Paulo escreveu Filipenses, o imaginário popular era repleto de histórias de heróis guerreiros; homens resilientes que traziam glória para suas nações após guerrearem em lugares inóspitos contra povos bárbaros. As histórias de como Alexandre, o Grande (356–323 a.C.), se tornou rapidamente senhor de toda a Grécia e do mundo da época, corriam pelas ruas. As histórias de como Júlio César empreendeu vitória nas terras distantes da Gália (58–52 a.C.) ou o imperador Augusto, que havia conseguido pôr fim em uma guerra civil interminável, permeavam o imaginário de todos naquela época. Esses homens fortes, empreendedores e poderosos, eram os modelos de liderança heroica daquele tempo. O que eles tinham em comum? Resiliência!

Quando Jesus reuniu os seus discípulos para falar sobre o Seu reino e o propósito de vida de Seus seguidores, ele confirmou que é da natureza pecaminosa humana o anseio pelo poder e então apontou aos seus discípulos um novo paradigma de vida. Ele diz: "Vocês sabem que aqueles que são considerados governantes das nações as dominam, e as pessoas importantes exercem poder sobre elas. Não será assim entre vocês. Ao contrário, quem quiser tornar-se importante entre vocês deverá ser servo; e quem quiser ser o primeiro deverá ser escravo de todos. Pois nem mesmo o Filho do homem veio para ser servido, mas para servir e dar a sua vida em resgate por muitos" (Mc 10:42-45).

O novo reino proclamado por Jesus contrastava com a busca do ser humano por poder e seria inaugurado com a entrega de sua vida "em resgate por muitos". Desde a desobediência de Adão, passando pela violência de Caim, a construção da Torre de Babel, como primeiro empreendimento humano de busca de poder totalitário, e todos os impérios humanos, com todos os mitos militares como Alexandre, Augusto, Hitler, Stalin, Che Guevara e tantos outros ditadores, até os dias de hoje, observamos a mesma busca: o ser humano quer ser igual a Deus, adorando a si mesmo ou criando deuses que refletem seus próprios desejos egocêntricos.

Ao virarmos as costas para um relacionamento profundo com a fonte de vida que é Deus, criamos nossas falsas fontes "de vida" com a idolatria, seja a idolatria a nós mesmos, ao poder, ao prazer, aos salvadores da pátria ou a ideologias. À medida que criamos nossos falsos ídolos, nos afastamos ainda mais do Supremo Criador. A consequência é sabida: desequilíbrio na alma e no coração, nos relacionamentos com as pessoas e na própria natureza.

O texto de Filipenses 2:5-11 revelará o amor de Deus e o que Ele fez para nos resgatar do pecado. Esse belíssimo texto revela quem é o grande herói, como foi a maior das batalhas já travadas no universo para vencer o pecado e o estado de degradação e morte que o pecado trouxe sobre a humanidade. Na obra de Jesus na cruz, quando Ele deu "a sua vida em resgate por muitos", o próprio Deus "em Cristo estava reconciliando consigo o mundo..." (2Co 5:19). Leia mais uma vez a grandeza dessa revelação da obra de Jesus na cruz, sendo levado para além da resiliência a fim de salvar a humanidade:

> *Seja a atitude de vocês a mesma de Cristo Jesus, que, embora sendo Deus, não considerou que o ser igual a Deus era algo a que devia apegar-se; mas esvaziou-se a si mesmo, vindo a ser servo, tornando-se semelhante aos homens. E, sendo encontrado em forma humana, humilhou-se a si mesmo e foi obediente até à morte, e morte de cruz! Por isso Deus o exaltou à mais alta posição e lhe deu o nome que está acima de todo nome, para que ao nome de Jesus se dobre todo joelho, nos céus, na terra e debaixo da terra, e toda língua confesse que Jesus Cristo é o Senhor, para a glória de Deus Pai.* (Filipenses 2:5-11)

Aqui não é revelada a glória de um general que resilientemente supera as dificuldades e sai vitorioso, mas de um pai amoroso que dá a volta por baixo, renunciando a tudo para entrar em uma luta que custaria Sua própria vida para resgatar Seus filhos.

Imaginemos um pai bilionário que, para resgatar seu filho que se tornou dependente químico, deixa o conforto e a segurança de sua casa e vai morar na rua em um ambiente de violência e vulnerabilidade, como a Cracolândia em São Paulo. Esse pai passa a viver privações para estar perto de seu filho e mostrar a ele como sair daquelas condições. O nível de resiliência de um pai que toma esse tipo de decisão precisa ser altíssimo para suportar as adversidades e, assim, resgatar aquele que já era considerado morto.

Este belo texto de Filipenses 2:5-11 revela o nível de obediência, resiliência e superação que Jesus precisou ter para enfrentar a maior das batalhas para nos resgatar. Se fôssemos pensar em um material resiliente, eu pensaria naquela vara que suporta o atleta do salto em vara. Assim como aquele material precisa envergar ao máximo para lançar o atleta ao seu destino glorioso, Jesus, para nos alcançar das profundezas do que o pecado nos levou e nos salvar da condição de morte, precisou de uma resiliência inexplicável para ser lançado e nos lançar para além da resiliência, glorificados. Ele recebeu sobre si a pressão de todos os pecados da humanidade e as dores das consequências geradas por essa condição humana.

Poderíamos dizer que o primeiro stress e pressão, a primeira necessidade de envergar feita sobre Jesus foi deixar sua glória e majestade para viver entre nós. Como na ilustração que usamos anteriormente, que revela o pai que deixa o conforto de sua casa para morar na Cracolândia, Jesus deixou as riquezas celestiais para viver em um mundo de doenças, guerras e violência.

Mas a pressão não terminou aí. Ele continuou e precisou envergar ainda mais na escalada da humilhação, quando se fez servo. Seria como se aquele pai, além de morar entre dependentes químicos, mendigos e traficantes abusadores, passasse a servi-los cuidando de suas feridas e lavando os seus pés.

O preço do resgate de cada um de nós da escravidão do pecado e sua consequência sobre toda humanidade e natureza criada exigiria, porém, muito mais. Ele precisaria chegar às últimas consequências e envergar ainda mais. Agora, a pressão sobre Jesus foi a mais horrenda e dolorosa, quando precisou descer às profundezas da humilhação suportando a morte e morte de cruz.

John Stott traduz a morte de Jesus na cruz como dolorosíssima, ultrajante e maldita. Um adágio naqueles dias dizia que uma pessoa crucificada morria mil vezes, tamanha era a agonia que levava o crucificado, depois de dias, a morrer de câimbras, asfixia e dores atrozes. O ultraje se dava pelo desprezo dado ao condenado à morte de cruz. Era cuspido e ridicularizado enquanto carregava a cruz debaixo de escárnio da multidão até o local da crucificação. A cruz era considerada maldita (veja Deuteronômio 21:23; Gálatas 3:13), pois revelava a separação total de Deus.

Jesus levou sobre si todos os nossos pecados, dores, angústias e violências. É nesse ponto que se revela a maior das dores que Jesus levou, muito maior que as dores físicas, eram as dores do pecado da humanidade sobre Ele.

Sabe aquele vazio que toma conta de você após o pecado tomar espaço em sua vida? Sabe aquela angústia que você sente da impotência de vencer uma compulsão? Coloque isso sobre Jesus. Sabe a dor daquela criança abandonada nas ruas? Daquelas pessoas que estão sendo abusadas, escravizadas e sendo exploradas? Sabe a dor das mulheres que sofrem com maridos violentos? De pessoas que estão presas injustamente? Pense em todas essas dores sobre Jesus. Pense nas dores de todos os pecados e suas consequências e as ponha sobre uma pessoa, Jesus.

A maior dor sobre Jesus veio quando Ele cumpriu o propósito maior da Sua morte. Ele não estava ali porque Judas o traiu por ganância; nem porque os sacerdotes o entregaram por inveja e nem porque Pilatos covardemente o condenou. Ele foi para cruz porque voluntariamente, "embora sendo Deus, não considerou que o ser igual a Deus era algo a que devia apegar-se; mas esvaziou-se a si mesmo, vindo a ser servo, tornando-se semelhante aos homens. E, sendo encontrado em forma humana, humilhou-se a si mesmo e foi obediente até à morte, e morte de cruz!". Ele estava ali porque o Pai O entregou por amor e porque Ele a si mesmo se entregou por amor para resgatar a mim e a você de nossa maneira vã de viver, entregando Sua vida "como de um cordeiro sem mancha e sem defeito, conhecido antes da criação do mundo..." (1Pe 1:19-20), como "o Cordeiro de Deus, que tira o pecado do mundo" (Jo 1:29), conforme declarou João Batista.

Jesus foi resiliente até o fim por amor a mim e a você, por amor à humanidade que insiste em virar as costas para Deus. Jesus foi resiliente até a morte em repúdio pelo pecado que gera angústia, dor, violência e morte.

O pecado desperta a ira de Deus pois ele provoca a morte de tudo que Deus ama. A santidade de Deus e a Sua santa justiça exige punição a quem pecou e está sentado no banco dos réus. Mas, Deus, o justo juiz, movido por extremo amor, efetua justiça em amor. É na pessoa de Jesus, a segunda pessoa da trindade, o Emanuel, Deus entre nós, que Jesus "embora sendo Deus, não considerou que o ser igual a Deus era algo a que devia apegar-se; mas esvaziou-se a si mesmo, vindo a ser servo, tornando-se semelhante aos homens. E, sendo encontrado em forma humana, humilhou-se a si mesmo e foi obediente até à morte, e morte de cruz!" (Fp 2:6-8). Ele renunciou a Seus direitos e se senta no banco dos réus onde nós estávamos sentados, para nos dar a chance de ter vida novamente nele mesmo. Como bem retrata Hernandes Dias Lopes[3]:

> "Na cruz, Jesus bebeu sozinho o cálice amargo da ira de Deus contra o pecado. Na cruz, Jesus foi desamparado para sermos aceitos. Ele não desceu da cruz para podermos subir ao céu. Ele se fez maldição na cruz para sermos benditos de Deus. Ele morreu a nossa morte para vivermos a sua vida!"

Todos sabemos que, para ser liberto, a primeira atitude de um dependente químico ou de alguém que sofre algum tipo de compulsão deve ser a admissão de que ele precisa ser resgatado. Se a pessoa não admite sua condição, ela não será liberta. Jesus veio até mim e até você para nos resgatar. Ele deseja nos dar vida e vida abundante. Ele quer nos resgatar do pecado que nos escraviza e nos dar vida plena. Mas, para isso, precisamos admitir que precisamos de salvação. Se continuarmos a achar que estamos bem onde e como estamos, afirmaremos nossa independência do Pai Celestial e

---

[3] Disponível em https://hernandesdiaslopes.com.br/a-humilhação-de-Cristo-o-filho-de-Deus/.

continuaremos a nossa vida na nossa "Cracolândia" particular, mesmo que ela seja cheia de conforto e bem-estar.

Meu convite nessa reflexão de hoje é que você faça sua declaração de rendição a Jesus Cristo, aceitando que somente Ele é seu Salvador e Senhor. Jesus, após se envergar até o limite na cruz do Calvário por amor a você e a mim, foi lançado para além da resiliência, Ele foi exaltado à "mais alta posição", e Deus "lhe deu o nome que está acima de todo nome, para que ao nome de Jesus se dobre todo joelho, nos céus, na terra e debaixo da terra, e toda língua confesse que Jesus Cristo é o Senhor, para a glória de Deus Pai" (Fp 2:9-11).

Dobre os seus joelhos diante dele e confesse-O como Senhor da sua vida. Declare sua dependência e se entregue a esse amor, aceitando ser renovado na maneira de pensar e viver.

ORANDO A PALAVRA

Meu Salvador, Jesus Cristo, reconheço que tenho criado meus ídolos pessoais e que estou longe de ti. Reconheço que sou pecador(a) e que esse pecado me afasta da Tua vontade que é boa, perfeita e agradável. Eu creio no Teu amor por mim demonstrado na cruz do Calvário levando sobre Tua pessoa todos os meus pecados e minhas dores. Eu creio na Tua ressurreição e que Tu és Senhor sobre a minha vida. Eu me entrego a ti e aceito me submeter ao Teu Senhorio. Somente Tu és meu Salvador e Senhor. Amém!

DESAFIO

Pense na vida de Jesus como um todo, desde a Sua concepção a até o momento em que Ele ascendeu ao Céu. Em toda a Sua vida aqui na Terra, Ele se portou com um filho e servo obediente a Deus. Agora pense na sua vida, em que as suas atitudes se parecem com as de Jesus? De que forma as palavras de Paulo, em Filipenses 2:5-11, confrontam o seu modo de viver e a sua forma de servir a Deus?

DIA 4

SERVIR

Seja a atitude de vocês a mesma de Cristo Jesus. (Filipenses 2:5)

C. S. Lewis, em sua obra *Cristianismo puro e simples*[4] usa uma ilustração muito interessante para falar sobre Jesus, o Messias, que creio caber muito bem para mostrar como devemos agir diante dos desafios de nosso mundo. Lewis diz que Jesus é como um rei que veio a esse mundo para sabotar o reino inimigo que havia tomado um espaço que não era dele. E a história do cristianismo é a história desse rei que desembarcou disfarçado em sua terra, como um bebê em uma manjedoura na simples família de Nazaré, e nos chamou para fazer parte da grande campanha de sabotagem. Essa campanha de sabotagem não se dá pela ciência humana, nem pelas ideologias ou pela força, mas pelo serviço sacrificial; só venceremos se a nossa atitude for "a mesma de Cristo Jesus".

É verdade, o melhor remédio para curar os males da humanidade é olhar para Jesus, seguir Seus passos e imitar Seu exemplo. É claro que não conseguimos imitar a Obra de Jesus na Cruz como ato de redenção por outra pessoa, mas, com o auxílio de Deus, podemos e devemos imitar o espírito que serviu de base para esses atos. A atitude de autorrenúncia, com vistas a auxiliar outros, precisa estar presente e se expandir na vida de cada discípulo que quer ir para além da resiliência. Como diz William Hendriksen[5], imitar a Jesus

---

[4] LEWIS C. S., *Cristianismo puro e simples*, Editora Thomas Nelson Brasil, 2017.
[5] HENDRIKSEN, William. *Efésios e Filipenses*, 2005: p.468.

precisa ser um imperativo, pois do contrário nossa fé é estéril e nossa ortodoxia morta. O mandato é:

> *Seja a atitude de vocês a mesma de Cristo Jesus, que, embora sendo Deus, não considerou que o ser igual a Deus era algo a que devia apegar-se; mas esvaziou-se a si mesmo, vindo a ser servo...* (Filipenses 2:5-7)

Quando falamos sobre "esvaziar-se" de si mesmo e humildade, gosto muito de pensar no episódio em que Jesus lavou os pés dos Seus discípulos. Naquela sociedade, as famílias nobres tinham vários escravos, sendo que o menor deles era quem lavava os pés daqueles que chegavam com suas sandálias e pés empoeirados. Quando Jesus pegou uma toalha, derramou água em uma bacia e se abaixou para lavar os pés dos Seus discípulos, imitando o menor dos escravos, todos ficaram chocados. Aquilo era uma afronta para eles, pois vinha da parte de um Mestre e Senhor. Mas ali, Jesus, com uma simples atitude, proclamava o convite ao esvaziamento e à servidão. Como um vaso que despeja a sua água para encher outro recipiente, Jesus não só anunciava o que Ele faria plenamente na cruz, mas também nos mostrava como devemos viver como Seus aprendizes.

O esvaziamento é um chamado em que não renunciamos a quem somos, tampouco da nossa dignidade, porque Jesus também não renunciou à Sua divindade, pois Ele era verdadeiramente Deus e verdadeiramente homem. Mas, nesse chamado, lançamo-nos para fora de nossos direitos e prerrogativas para sermos bênçãos na vida de outras pessoas em humildade e serviço.

Renunciar a direitos incomoda a todos, principalmente atualmente. A nossa sociedade é carregada por uma mentalidade de alto nível de exigência de direitos individuais, porém, nosso modelo deve ser Cristo Jesus, que, "embora sendo Deus, não considerou que o ser igual a Deus era algo a que devia apegar-se..." (Fp 2:6). Ele voluntariamente renunciou a Seus direitos.

Você já deve ter ouvido a seguinte expressão: se você quer descobrir o caráter de uma pessoa, não dê para ela responsabilidades, dê privilégios. Muitas pessoas são capazes de cumprir responsabilidades, mas apenas um líder servo sabe lidar com privilégios, sendo capaz de renunciar a suas conveniências e comodidades para ajudar outros.

Muitas pessoas recebem privilégios, mas, em vez de se disporem a servir ainda mais aos outros, elas se fecham nos seus prazeres individualistas e em alguns casos passam até a oprimir as pessoas. Infelizmente, poucos são aqueles que usam os seus privilégios para abençoar outras vidas.

Todos os dias, ouvimos sobre pessoas que se servem de seus privilégios para autopromoção. Jesus usou os privilégios celestiais para o bem dos outros. Jesus era supremo em direitos, pois era Deus, nos deu o exemplo máximo de obediência ao renunciar todos os Seus privilégios por nós. Ele renunciou à Sua glória para abençoar vidas, chegando até a morte de cruz.

Foi isso que Jesus fez. Ele deixou a glória celestial e as Suas riquezas para servir e nos mostrar o caminho de como servir, pois "o Filho do Homem não veio para ser servido, mas para servir e dar a sua vida em resgate por muitos" (Mt 20:28).

Às vezes é até fácil renunciarmos a alguns privilégios, quando isso não implica em nos envolvermos com alguma causa. É

SEMANA 4 | 153

muito difícil, porém, abdicarmos aos privilégios quando isso também implica em nos envolvermos em serviço. Por exemplo, é mais fácil renunciarmos a uma viagem que teríamos direito e doarmos aos necessitados o valor que investiríamos na viagem do que irmos ajudar aquelas pessoas carentes a vencerem a miséria dedicando nosso tempo a elas. Foi isso que Jesus fez. Além de abdicar de Seus direitos, Ele também se envolveu no serviço integral: "...embora sendo Deus, não considerou que o ser igual a Deus era algo a que devia apegar-se; mas esvaziou--se a si mesmo, vindo a ser servo" (Fp 2:6). Jesus não renunciou a privilégios para oferecer algo que não o comprometesse. Ele comprometeu Sua própria vida.

Jesus não fingiu ser um servo. Ele de fato era o Deus encarnado e, como homem, viveu todas as implicações de cansaço, dor e humilhação que um servo está sujeito a viver. Ele "esvaziou-se a si mesmo, vindo a ser servo, tornando-se semelhante aos homens" (v.7). O Rei dos reis se tornou servo para que pudesse nos mostrar como vencer o pecado e o diabo e trazer assim libertação a cada pessoa que aceitasse ser liberta.

ORANDO A PALAVRA

Sonda o meu coração, Pai. Vê se há em mim algum orgulho, direito ou privilégio do qual não consigo me desapegar. Ensina-me a usar "meus direitos" e "minha posição" para abençoar vidas. Que eu me esforce para me colocar no lugar do outro, para sentir a dor do outro e ceder um pouco do que tenho e do que sou para abençoá-lo. Que o exemplo do Teu Filho como servo ecoe todos os dias em mim. Que eu ouça a Tua voz, imite o Teu exemplo e ande pelo caminho correto.

DESAFIO

Você tem dificuldade em ceder quando está em uma discussão e renunciar a alguns direitos para a paz e um bem maior? Avalie se você tem agido assim e busque corrigir essa atitude com pedido de perdão e demonstração do desejo de agir diferente.

Você tem buscado imitar Jesus direcionando seu coração para abdicar de privilégios para abençoar outras vidas? Você tem dificuldade em sacrificar uma viagem, um lazer ou um produto, pelo bem dos mais necessitados? Você tem dedicado tempo, dons, conhecimento e habilidades em serviço aos vulneráveis, aos menos favorecidos e à obra de Deus? Avalie sua vida e dê passos práticos de autorrenúncia pelo bem comum!

DIA 5

IDENTIDADE EM AÇÃO

Assim, meus amados, como sempre vocês obedeceram, não apenas em minha presença, porém muito mais agora na minha ausência, **ponham em ação a salvação de vocês com temor e tremor, pois é Deus quem efetua em vocês tanto o querer quanto o realizar, de acordo com a boa vontade dele.** (Filipenses 2:12-13)

Nos Jogos Olímpicos Rio 2016, o Brasil ganhou 19 medalhas. É interessante observar que muitos destes pódios vieram de atletas nascidos em periferias e descobertos em projetos sociais que alcançaram crianças carentes, as quais, infelizmente, não possuem fácil acesso a bons centros de treinamento e, por isso, são improváveis de conseguir essas conquistas sem uma intervenção externa. Conhecemos à época nomes como Rafaela Silva no judô, Ygor Coelho no badminton, Isaquias Queiroz, o primeiro brasileiro a ganhar três medalhas numa mesma edição de Jogos Olímpicos, e Robson Conceição, que conquistou o primeiro ouro olímpico brasileiro no boxe. Muitos outros nomes poderiam ser citados de pérolas escondidas em lugares muitas vezes esquecidos e abandonados por todos. Isaquias Queiroz fez uma declaração marcante na época: "Essa medalha tem significado especial por ter vindo de um projeto social", agradecendo, de certa forma, aos que investiram em sua vida.

Podemos comparar a nossa vida a de uma pessoa que, aos olhos humanos, não tinha condição alguma de pisar em uma pista de atletismo, mas que foi alcançada por Jesus, o primeiro e grande atleta a correr a corrida e a chegar ao pódio. Agora que fomos escolhidos por Ele, precisamos pôr em ação a nossa salvação; mas não faremos isso sozinhos, pois não temos quaisquer condições físicas e técnicas. Então Ele, como o primeiro grande atleta, que já venceu e foi resiliente até o fim, nos capacitará para a corrida da vida. É como se Jesus dissesse: "Eu não somente vou treiná-lo e capacitá-lo, mas vou também lhe dar uma nova natureza para poder vencer" (veja João 3:1-16). É por isso que, quando pensamos em pôr em ação a nossa salvação, podemos estar seguros que não faremos isso sozinhos, pois "é Deus quem efetua em [nós] tanto o querer quanto o realizar, de acordo com a boa vontade Dele" (Fp 2:13). A salvação não é uma conquista humana, mas um presente de Deus. A salvação é pela graça, favor imerecido, que Deus nos concede pela *obra de Jesus na cruz* por nós.

A Palavra de Deus é clara ao afirmar que, se confessarmos com a nossa boca que Jesus é o Senhor e crermos em nosso coração que Deus o ressuscitou dentre os mortos, nós encontramos salvação (veja Romanos 10:9-10) e, consequentemente, recebemos uma nova vida por meio de Cristo. A nossa entrega total ao senhorio de Cristo nos leva, por meio dele, a morrer e a ressuscitar para uma nova vida. Representamos isso de maneira tão vívida no batismo: quando descemos nas águas, declaramos que estamos morrendo para a velha vida e, quando emergimos, declaramos que temos uma nova vida em Cristo. Observe o que diz a Palavra de Deus sobre a nossa união com Cristo pela fé e sobre essa nova vida nele:

> *Ou vocês não sabem que todos nós, que fomos batizados em Cristo Jesus, fomos batizados em sua morte? Portanto, fomos sepultados com ele na morte por meio do batismo, a fim de que, assim como Cristo foi ressuscitado dos mortos mediante a glória do Pai, também nós vivamos uma vida nova. Se dessa forma fomos unidos a ele na semelhança da sua morte, certamente o seremos também na semelhança da sua ressurreição. Pois sabemos que o nosso velho homem foi crucificado com ele, para que o corpo do pecado seja destruído, e não mais sejamos escravos do pecado; pois quem morreu, foi justificado do pecado. Ora, se morremos com Cristo, cremos que também com ele viveremos.* (Romanos 6:3-8)

Recebemos por meio de Cristo uma nova identidade que é mais do que resiliente, recebemos uma identidade "transiliente". Identidade como a de Jesus, capaz não só de fazer com que suportemos as adversidades, mas que cresçamos à imagem de Cristo Jesus em constante transformação, sendo lançados para frente, para além da resiliência, em constante desenvolvimento. É por isso que nessa Carta a Palavra de Deus para nós é um imperativo: "ponham em ação a salvação de vocês com temor e tremor".

Agora, o presente dado por Deus, dádiva esta que custou alto preço, não de ouro ou prata, mas do precioso sangue de Cristo Jesus (veja 1 Pedro 1:18-19), precisa ser por nós desenvolvido. A salvação verdadeiramente nos pertence por "estarmos em Cristo" e não devemos ficar inseguros pois nada nos separará de Cristo (veja Romanos 8:1,31-39). Entretanto, essa salvação, que já é nossa, nos dará condições de crescermos e avançarmos. Somos chamados para a ação e não para a acomodação.

Como um atleta que estava em uma condição improvável de se desenvolver, condenado à inércia, somos resgatados e colocados na pista para desenvolver, crescer, gerar musculatura e disciplina para sermos transformados à imagem do primeiro grande atleta, Jesus. É o que a Palavra de Deus diz: "Deus age em todas as coisas para o bem daqueles que o amam, dos que foram chamados de acordo com o seu propósito. Pois aqueles que de antemão conheceu, também os predestinou **para serem conformes à imagem de seu Filho**, a fim de que Ele seja o primogênito entre muitos irmãos" (Romanos 8:28-29 — ênfase adicionada pelo autor).

Somos esses atletas em construção, aprendendo sempre na pista de corrida com o nosso Senhor Jesus e com tantos outros cooperadores de Deus que Ele coloca ao nosso lado. Estamos olhando para frente sobre os Seus ombros, pois foi Cristo quem nos colocou na jornada da resiliência. Mas isso não anula também a nossa responsabilidade, pois, sabendo que a salvação não foi resultado das nossas conquistas, somos responsáveis pelas nossas ações para crescimento a partir de agora. Caminhamos olhando para o alvo que é Jesus e sabemos que a providência divina é "quem efetua em [nós] tanto o querer quanto o realizar, de acordo com a boa vontade dele" (Fp 2:13). O aprendiz de Jesus, salvo por Ele, está em constante construção e está seguro nessa caminhada, por estar em Cristo Jesus.

ORANDO A PALAVRA

Pai querido, sei que fui salvo por ti, não por meus méritos, mas pela Tua maravilhosa graça quando o reconheci como Salvador e Senhor da minha vida. Sei que Tu me resgataste para uma vida plena, uma nova vida. Treina-me para atingir esse alvo. Somente o Senhor conhece minhas habilidades e os meus pontos fracos que preciso aperfeiçoar. Como o atleta que diariamente precisa do seu treinador para vencer, dá-me os exercícios e treinamentos que necessito para me desenvolver e vencer a corrida da vida. Efetua em mim o Teu querer e o Teu realizar, a fim de que eu possa brilhar como estrela em meio da escuridão.

DESAFIO

Você está seguro da sua salvação por meio de Cristo Jesus? Você tem essa consciência de que, por ter sido salvo por Jesus, você agora está em construção? Você se assume como um aprendiz, um discípulo de Jesus? Ou está acomodado? Ou acha que já chegou no topo? Você tem a postura de quem está em constante construção ou vive como aquele que está salvo, sozinho e sossegado?

Peça ao Pai Celestial que lhe mostre áreas de crescimento em sua vida. Pense com calma sobre cada área de sua vida. Como está seu relacionamento com sua família? Reflete a vida de um cristão? Seu caráter tem se desenvolvido nos relacionamentos?

Como está sua integridade na vida profissional? Como você tem se desenvolvido como gestor de suas finanças pessoais? Enfim, avalie sua vida e peça ao Pai lhe mostrar o que deve ser aperfeiçoado pelo Seu poder.

MURMURAÇÃO: DESTRUIDORA DA RESILIÊNCIA

Façam tudo sem queixas nem discussões, para que venham a tornar-se puros e irrepreensíveis, filhos de Deus inculpáveis no meio de uma geração corrompida e depravada, na qual vocês brilham como estrelas no universo, retendo firmemente a palavra da vida. Assim, no dia de Cristo eu me orgulharei de não ter corrido nem me esforçado inutilmente. Contudo, mesmo que eu esteja sendo derramado como oferta de bebida sobre o serviço que provém da fé que vocês têm, o sacrifício que oferecem a Deus, estou alegre e me regozijo com todos vocês. Estejam vocês também alegres, e regozijem-se comigo. (Filipenses 2:14-18)

Você já viu algum atleta ficar reclamando em uma pista de atletismo? Já viu algum atleta começar a reclamar no meio da corrida, por causa de um imprevisto ou uma dificuldade? Ou tem visto que eles, mesmo em sofrimento, dão tudo de si para chegarem ao destino?

Você conheceu a história do maratonista Vanderlei Cordeiro de Lima? Lembra quando ele foi atrapalhado por um ex-padre irlandês quando tinha quase garantida sua vitória na maratona olímpica de Atenas? Na altura do km 35, há pouco mais de sete quilômetros da chegada no estádio Panathinaiko, quando tinha cerca de 25 a 30s de diferença — cerca de 150 m — sobre os demais corredores e a medalha de ouro parecia ganha, ele foi atacado por um espectador, o ex-padre irlandês Cornelius Horan, que o jogou fora da pista.

Ajudado por um espectador grego, Polyvios Kossivas, a se desvencilhar do agressor, voltou à prova ainda na liderança, mantendo a metade da vantagem que tinha. Entretanto, o inesperado e o susto da agressão sofrida tiraram a concentração do atleta que não conseguiu manter o mesmo ritmo que corria, sendo ultrapassado nos quilômetros finais pelo italiano Baldini e pelo norte-americano Meb Keflezighi, mas mesmo assim conseguindo ficar com a medalha de bronze, apenas 15s na frente do quarto colocado, Jon Brown, da Grã-Bretanha[6]. Vanderlei, com espírito esportivo, perseverou até o fim, entrando no estádio olímpico sob a ovação da plateia, fazendo seu conhecido gesto de "aviãozinho" com os braços enquanto cruzava sorridente a linha de chegada. Embora Valderlei tenha sido injustiçado, as imagens que temos dele na linha de chegada não são de uma pessoa emburrada e reclamona, mas de alguém que deu tudo de si, mesmo em meio a circunstâncias tão injustas para chegar ao pódio.

As Escrituras Sagradas sempre nos chamam a atenção para um grande perigo que impede nosso desenvolvimento: a murmuração. Nossa sociedade, mesmo sendo a que se autoproclama mais tolerante, é a mais descontente e briguenta. Nunca em toda a história humana tivemos tantos recursos financeiros e humanos e mesmo assim não sabemos lidar com o que temos. Somos a sociedade do imediatismo. Queremos o pódio sem passar pelo processo do sofrimento silencioso. Somos a geração dos queixosos. As queixas têm-se tornado cada vez mais fúteis e as brigas têm crescido nesse ambiente.

---

[6] Disponível em: https://pt.wikipedia.org/wiki/Vanderlei_Cordeiro_de_Lima

Os israelitas murmuraram contra Deus e contra Moisés na jornada em direção à Terra Prometida. Eles reclamavam das privações, dizendo que não deveriam ter saído do Egito (veja Números 11,14,20-21). Eles viram o mar Vermelho se abrir, foram alimentados no deserto, foram protegidos do frio com uma coluna de fogo à noite e do calor com uma nuvem durante o dia e, mesmo assim, eram reclamões. Eles foram libertos para uma jornada que demoraria seis meses para chegar ao pódio que era a terra prometida, mas a murmuração deles atrasou o destino glorioso em quarenta anos, fazendo que somente a nova geração entrasse em Canaã.

Pôr "em ação a salvação [...] com temor e tremor" implica entrar na jornada para um treinamento árduo, em que não pode haver espaço para "queixas nem discussões", pois o foco é nos "tornarmos puros e irrepreensíveis". É necessário tomar posse da nossa nova natureza em Cristo Jesus vivendo como "filhos de Deus inculpáveis" (Fp 2:12-18). A salvação é de Deus e nos é dada por Deus, mas precisamos desenvolvê-la como alguém que recebe de graça uma belíssima propriedade, porém precisa cultivá-la. Não a cultivar para possuí-la, mas cultivá-la com "temor e tremor" porque já a possui, mas necessita que ela dê flores e frutos, em uma postura reverente de entrega aos cuidados do Grande Treinador, pois é Ele mesmo quem "efetua em [nós] tanto o querer quanto o realizar, de acordo com a boa vontade dele" (v.13).

O murmurador não somente atrasa sua vida, mas também espalha veneno pernicioso que contamina outros rapidamente. O murmurador promove contendas intermináveis. O discípulo de Jesus resiliente já é o oposto do murmurador. O aprendiz de Jesus, que vive sua filiação divina, inspira os outros a perseverarem mesmo vivendo no meio de "uma geração corrompida e depravada". Aquele que em Jesus está vivendo para além da resiliência, é "transiliente" e, ao contrário do reclamão, brilha "como estrela no universo, retendo firmemente a palavra da vida" (vv.15-16).

É por isso que o texto fala sobre vivermos sem "queixas e discussões". Olhando ainda para a jornada do povo de Israel no deserto em direção a Canaã, vemos como os murmuradores agitavam o grupo promovendo discussões e gerando pânico. Dos dez espiões que foram ver a Terra Prometida, somente dois assimilaram virtudes que os lançavam para além da resiliência e com isso tiveram atitudes de fé e esperança. É por isso que a atitude do "transiliente" deve ser a mesma de Josué e Calebe que, em vez de murmurarem, confiaram no Senhor dizendo: "Subamos e tomemos posse da terra. É certo que venceremos!" (Nm 13:30).

Esta é outra característica que encontramos nesse texto com relação àquele que vai além da resiliência. Ao contrário do murmurador, que promove partidarismo e discussões, o "transiliente" se une à providência divina para ajudar outros atletas que estão passando por lutas na jornada. É isso que Paulo fez e revela no texto de Filipenses 2:14-18 que lemos acima. Assim como Josué e Calebe, Paulo olha para frente, mesmo à distância, e vê o pódio, "o dia de Cristo", quando se orgulhará de "não ter corrido nem se esforçado inutilmente" (v.16). Ele se coloca à disposição para ser usado por Deus como uma oferta viva, como "oferta de bebida sobre o serviço que provém da fé que eles têm, o sacrifício que oferecem a Deus" (v.17). O símbolo usado por ele aqui é o dos sacrifícios oferecidos no Antigo Testamento, quando a pessoa entregava seus sacrifícios e derramava o melhor vinho sobre ele. Paulo diz que se une à entrega de cada pessoa que procura crescer à imagem de Cristo e se derrama dando o melhor de si para ver outros também crescendo e tendo vitórias. Assim como Josué e Calebe, em vez de murmurar, reclamar e produzir contendas, ele convida para confiança e fé com entrega em favor dos outros.

O discípulo de Jesus, que abandona a murmuração e se dispõe a viver para além da resiliência, gera essa unidade de mutualidade, ajudando o outro a crescer, "sem queixas nem discussões", tornando-se "inculpáveis no meio de uma geração corrompida e depravada". Isso fará com que cada um resplandeça como luzeiro no mundo, sendo um farol de esperança para um mundo desesperançoso.

Vanderlei Cordeiro de Lima não recebeu a medalha de ouro naquela olimpíada, mas recebeu o ouro da honra quando foi condecorado com a medalha Pierre de Coubertin, a mais alta honraria esportiva-humanitária dada aos atletas e pessoas que demonstraram alto grau de esportividade e espírito olímpico. Pouquíssimas foram as pessoas que receberam essa medalha até hoje.

Cada um de nós, que uma vez fomos resgatados por Cristo, precisamos desenvolver a nossa salvação, permitindo-nos crescer resilientemente e ajudando outros a crescerem, sem reclamações e contendas. Assim seremos também essa fonte de inspiração para salvação de muitos e viveremos de fato o que somos, filhos de Deus, aprendizes em construção que se lançam como sal da terra e luz do mundo.

ORANDO A PALAVRA

Senhor, sei que às vezes há obstáculos em meu caminho. Mas, quando observo as bênçãos que me rodeiam e que permeiam meu caminhar, percebo que Teu amor é tão maior e que as dificuldades não me impedirão de chegar à vitória. Senhor, ensina-me a olhar para o alvo, a manter meus olhos fixos no Senhor. Não permitas que eu me desvie do caminho, deixando-me levar pelas murmurações, pelas dificuldades. Que eu veja com otimismo e fé as promessas do Senhor e, com o coração cheio delas, eu possa cruzar a linha de chegada sorridente, mesmo que, para isso, eu precise ser carregado no colo pelo Grande Treinador.

DESAFIO

Você tem o hábito da reclamação? Converse com pessoas a sua volta e pergunte se isso é comum em você. Se for, hoje é o dia de romper com esse mau hábito e, olhando para Cristo, avançar perseverantemente na jornada, deixando-se crescer e ajudando outros a crescerem.

SHABAT

O DESCANSO NO SENHOR

Nesses últimos dias, vimos que o reino proclamado por Jesus não seria formado com base no poder humano, tampouco por meio de dominações ou "pessoas importantes". Pelo contrário, é um reino baseado na unidade, no resgate do próximo, no ouvir o outro, no servir, onde o menor é o maior.

E foi assim que aconteceu. Jesus, o filho de Deus, o maior, humilhou-se de tal forma que morreu a pior das mortes para a época, a morte de cruz. Não reclamou, não murmurou. No momento de mais alta dor, colocou sua vontade sob a vontade do Pai: "Meu Pai, se for possível, afasta de mim este cálice; contudo, não seja como eu quero, mas sim como tu queres" (Mateus 26:39). E fez tudo isso para sofrer as nossas dores, levar os nossos castigos, carregar a cruz que seria nossa. Não há prova maior de humildade e amor. Não há prova maior de abnegação, resiliência, superação e capacidade de transcendência por amor a outros.

Neste dia de descanso, convido-lhe a ter a mesma atitude de Cristo Jesus. Convido-lhe a esvaziar-se de si mesmo, a colocar de lado seus próprios interesses, a considerar a opinião do outro, a se colocar no lugar dele. Convido-lhe a fechar seus olhos por alguns minutos e refletir sobre as grandes decisões que tem tomado e sobre as pequenas condutas do seu dia a dia e a responder: O que tem preponderado em minhas atitudes? Humildade, gratidão, empatia ou vanglória?

SEMANA 5

AMIZADES E TRANSCENDÊNCIA

DIA 1

AMIZADES QUE INSPIRAM A AMAR

Espero no Senhor Jesus enviar Timóteo brevemente, para que eu também me sinta animado quando receber notícias de vocês. ***Não tenho ninguém que, como ele,*** *tenha interesse sincero pelo bem-estar de vocês, pois todos buscam os seus próprios interesses e não os de Jesus Cristo. Mas vocês sabem que Timóteo foi aprovado porque serviu comigo no trabalho do evangelho como um filho ao lado de seu pai. Portanto, é ele quem espero enviar, tão logo me certifique da minha situação, confiando no Senhor que em breve também poderei ir.* (Filipenses 2:19-24)

Em 252 d.C., iniciou-se no norte africano uma pandemia que ceifou milhares de vidas. Ela começou em Cartago e se espalhou pela Grécia, Itália e grande parte do Império Romano. O vírus era provavelmente uma varíola e/ou sarampo e atingiu milhares de pessoas. Na ocasião, Cipriano era Bispo de Cartago e deixou vários registros sobre a doença. Ele detalha os sintomas, como fraqueza, febre, vômitos, perda de audição, visão e gangrena, com alto índice de mortandade. A doença atingiu todos os extratos da sociedade da época, sendo responsável pela morte de Cláudio II, imperador romano entre os anos de 268 e 270 d.C. Historiadores relatam que essa pandemia chegou a matar, somente em Roma, cinco mil pessoas por dia, fazendo com que as pessoas fugissem das grandes cidades deixando tudo para trás.

Foi nesse contexto que Cipriano reuniu os seguidores de Jesus no centro de Cartago - mesmo com a forte perseguição aos cristãos então existente, culpando-os por seus problemas e disse: "espalhem-se por esta cidade para dar a todos de acordo com suas necessidades". Cipriano desafiou os cristãos a não abandonarem a cidade no meio do que eles denominavam de peste. Mais uma vez, os cristãos ganharam reputação em todo império, ao transbordarem caridade a todas as pessoas, independente de status, origem ou religião. Quando a doença cessou, aqueles que sobreviveram não eram mais inimigos dos cristãos, mas amigos. Historiadores relatam que esse foi o período de maior número de conversões à fé cristã[1].

Cipriano, na sua obra De *Mortalitate*[2], escrita para fortalecer a fé dos cristãos, resgata o *sentido da vida* que encontramos na fé e no relacionamento com o Senhor Jesus. O autor africano relata com detalhes as dores dos sintomas que atingiram a todos, inclusive os cristãos, mas destaca que o que os diferenciava daqueles que não conheciam a Jesus, era que estes murmuravam na adversidade, enquanto os seguidores fiéis de Jesus não se afastaram da virtude da fé e destemidamente serviam aos necessitados[3].

Nesse ponto de sua carta aos cristãos de Filipos, Paulo fala de Timóteo, seu filho na fé que se tornou um líder estratégico naquelas igrejas que ainda estavam nascendo. Paulo e Timóteo, assim como Cipriano, eram líderes-servos que encontraram

---

[1] GIBBON, Edward. *Declínio e Queda do Império Romano*. São Paulo: Companhia das Letras, 2005.

REZENDE, JM. *À sombra do plátano*: crônicas de história da medicina [online]. São Paulo: Editora Unifesp, 2009. As grandes epidemias da história. p.73-82. ISBN 978-85-61673-63-5. Disponível em SciELO Books.

[2] *A mortalidade*: Cipriano de Cartago, Obras Completas 1. Paulus, São Paulo, 2016: p.216.

[3] Idem, p.224,226.

em Cristo Jesus uma nova vida, capaz de os lançar para além da resiliência. A amizade de Paulo com Timóteo nasceu do investimento de Paulo na vida daquele jovem, para que ele fosse mais parecido com Jesus. O próprio Paulo diz nesse ponto da carta: "vocês sabem que Timóteo foi aprovado, porque serviu comigo no trabalho do evangelho como um filho ao lado de seu pai" (Fp 2:22). Isso em uma cultura na qual, como em muitas partes do mundo hoje, a maioria dos filhos segue os pais em uma atividade familiar e aprende a fazer as coisas observando e copiando o modelo. Temos aí uma amizade discipular que nasceu de um alinhamento de *sentido da vida*, pois ambos se denominam "servos de Cristo Jesus" (Fp 1:1). Eles passaram juntos pela provação, disseminando o evangelho do amor mesmo em meio às adversidades (veja Atos 16:1-3; 17:14).

Em outra ocasião, quando Paulo enviou o jovem Timóteo à intelectualizada igreja de Corinto, ele o enviou como alguém que serviria de modelo do que é ser um discípulo de Jesus, pois, como Paulo mesmo diz, aquela igreja poderia ter muitos professores, mas lhes faltava de fato a quem imitar como pai (veja 1 Coríntios 4:15-18). Ao descrever a missão de Timóteo entre os filipenses, Paulo não apresenta Timóteo como "doutor na lei", como "um estrategista" ou mesmo como "um homem santo e piedoso", mas o apresenta como um Timóteo que tem "interesse sincero pelo bem-estar [deles], pois todos buscam os seus próprios interesses e não os de Jesus Cristo" (Fp 2:20).

A nota impressionante sobre a companhia leal de Timóteo é destacada no versículo: "Portanto, é ele quem espero enviar, tão logo me certifique da minha situação" (v.23). Paulo não conseguiu enviar Timóteo imediatamente; talvez ele precisasse de sua ajuda em uma questão legal ou pastoral.

Nós não sabemos o motivo, mas sabemos que Paulo prezava muito pela companhia de Timóteo, pois ele era um amigo verdadeiro que o apoiava durante esse tempo. O que fez de Timóteo um grande amigo? Os melhores amigos são aqueles que servem, cuidam de você como Cristo cuidaria e que inspiram você a amar.

Existem pessoas que vivem para si mesmas, mas Timóteo era alguém que tinha de fato aprendido a viver os interesses de Cristo. Timóteo havia aprendido com Paulo a se lançar "transilientemente" para fora de si buscando ser bênção na vida de outros. Paulo, Timóteo, Cipriano de Cartago, assim como tantos outros homens e mulheres na história, são pessoas que encontraram em Jesus a força para inspirar a amar. Ao enviar Timóteo àquela igreja, Paulo também estava demonstrando serviço abnegado. Ele estava enviando seu amigo amado para o bem dos outros.

ORANDO A PALAVRA

Faça uma das orações a seguir, conforme sua experiência.

1. *Senhor, tenho andado tão sobrecarregado com tarefas que não tenho dedicado tempo para o cultivo de amizades significativas. Ajuda-me a inserir na minha agenda um horário para um café, um encontro ou ao menos uma videochamada com alguém que conhece a ti e que pode se tornar um(a) grande amigo(a). Que eu intencionalmente busque desenvolver amizades e que, ao encontrar esse(a) amigo(a), possamos ajudar um(a) ao(à) outro(a), crescer mutuamente e, assim, sermos mais parecidos(as) contigo.*

2. *Senhor, graças te dou pelas amizades significativas que o Senhor colocou em minha vida. Sinceramente, agradeço-te pela vida de (nomeie seus amigos), pessoas que não só convivem comigo, mas que também conhecem minhas alegrias e minhas dores, com quem consigo abrir meu coração, orar junto, compartilhar minha vida, falar e ouvir. Que eu saiba dedicar tempo para nutrir esses relacionamentos, valorizar o outro e, assim, ser mais parecido com o Senhor.*

DESAFIO

Você tem amigos que o inspiram a amar? Pense em cada pessoa que anda com você e veja se tem alguém que se aproxima um pouco disso. Caso não tenha, espero que você faça amigos assim. Você tem se esforçado para ser um amigo assim, para cuidar dos outros como Cristo cuidaria deles? Isso significa estar presente, falar a verdade, fortalecê-los na fraqueza, orar por eles e fornecer apoio e recursos quando necessário.

DIA 2

AMIZADES ÁGAPE

Contudo, penso que será necessário enviar de volta a vocês Epafrodito, meu irmão, cooperador e companheiro de lutas, mensageiro que vocês enviaram para atender às minhas necessidades. Pois ele tem saudade de todos vocês e está angustiado porque ficaram sabendo que ele esteve doente. De fato, ficou doente e quase morreu. Mas Deus teve misericórdia dele, e não somente dele, mas também de mim, para que eu não tivesse tristeza sobre tristeza. Por isso, logo o enviarei, para que, quando o virem novamente, fiquem alegres e eu tenha menos tristeza. **E peço que vocês o recebam no Senhor com grande alegria e honrem a homens como este, porque ele quase morreu por amor à causa de Cristo, arriscando a vida para suprir a ajuda que vocês não me podiam dar.** (Filipenses 2:25-30)

Imagine a cena em um almoço de família no domingo. Após aquele almoço delicioso, todos vão para sala e você pega o cachorrinho no colo, ele lambe seu rosto e você diz: eu te amo Snoopy. Sua namorada ou esposa vem e lhe dá um beijo e você diz: eu também te amo, meu amor. Sua mãe sai da cozinha e você vira para ela e diz: também te amo mamãe. Logo depois você dá aquela espreguiçada no sofá e diz assim: Uau, como eu amo relaxar nesse sofá!

Já percebeu como usamos o verbo amar para quase tudo? A palavra amor tem cada vez mais sido banalizada. Usamos a palavra amor para dizer que amamos nosso cachorro, um bom churrasco, nossa cidade, o cônjuge, os filhos, o pai e a mãe.

C. S. Lewis, a partir da língua inglesa, na sua obra *Os quatro amores*[4], e os estudos de Josef Pieper[5], a partir da língua alemã, mostram como o idioma grego no Novo Testamento revela as dimensões do amor que, em muitas línguas, é expresso em uma palavra somente. Eles se debruçaram para pesquisar sobre como a palavra amor sofreu desgastes em diversos idiomas e como isso banaliza aspectos grandiosos da realidade humana.

Infelizmente usamos a palavra amor para tudo e para todos. Mas, no Novo Testamento, a palavra amor não era assim banalizada. O Novo Testamento se apropriou da língua e cultura gregas para comunicar sobre o amor. Eles tinham uma palavra para cada sentido do amor. Eles tinham: *Storge*, que era usada para dizer o quanto gostamos do cachorrinho, do ar-condicionado e do programa da TV. Eles tinham também a palavra *Eros*, para representar o amor entre marido e mulher, o amor do desejo sexual, da paixão. Eles usavam também a palavra *Phileo* para revelar o amor entre amigos, o prazer da companhia, de estar junto, da simpatia. E finalmente eles usavam a palavra *Ágape* para se referir ao amor divino, ao amor puro, amor de Deus, ao amor da empatia, que se doa pelo outro.

Paulo faz jus em sua vida ao lindo hino que, inspirado pelo Espírito Santo, ele escreveu em 1 Coríntios 13. Filipenses, contendo as descrições sobre os relacionamentos e afetos que Paulo tinha, é fundamental para conhecer os sentimentos e emoções que fazem desse homem um modelo de resiliência

---

[4] LEWIS, C. S. *Os quatro amores*. São Paulo: WMF Martin Fontes, 2005.
[5] PIEPER, Josef. *Faith, Hope, Love*. Ignatius Press, San Francisco, 1997.

e propósito. Se tivéssemos de Paulo somente seus escritos de teologia sólida, densa e abstrata, não teríamos conhecido o que ele realmente era como ser humano e como o amor *Phileo* e *Ágape*, que ele tanto escreve, se revelou no cotidiano de sua vida, seja de sua parte para com os outros ou dos outros para com ele.

Aqui, na carta aos Filipenses, após os breves parágrafos em que descreve seu amigo Timóteo e sua missão junto àquela igreja, Paulo passa a falar de um outro amigo, Epafrodito, este gerado por meio do amor ágape. Epafrodito era um verdadeiro amigo disposto a doar de si mesmo, mesmo correndo riscos. Ele foi o portador da oferta que Paulo recebeu dos filipenses e viajou de Filipos a Roma, onde Paulo estava, para levar certo valor em dinheiro e cuidar do apóstolo na prisão (veja Filipenses 2:25-30; 4:18).

Além de Epafrodito, é nesse ponto que descobrimos ainda mais o quão afetuoso era Paulo com seus amigos. É sobre Epafrodito que Paulo — o mesmo Paulo que no final desta carta vai dizer que devemos nos alegrar o tempo todo, independente de passar necessidades, comprometendo-nos com Deus em oração para conhecer a paz que excede todo entendimento — revela sua empatia e profunda tristeza diante do pensamento de que seu amigo poderia morrer. Paulo admite sua fragilidade e amabilidade dizendo que não queria ter "tristeza sobre tristeza".

Parece uma contradição para aquele homem destemido que, durante toda a carta, nos chama para nos lançarmos para fora resilientemente e celebrarmos a vitória de Jesus sobre os poderes do mal na convicção de que um dia Ele vai encher o mundo com Seu amor e Sua justiça. Aquele homem que o tempo todo nos chama para a alegria. Mas não, isto não era uma contradição! Pois o mesmo Paulo que diz que morrer é ganho, diz que o viver é Cristo e estar em Cristo, como ele mesmo revela no início do capítulo 2, é se encher de profunda comunhão em Espírito com as pessoas, e estar entrelaçado com elas por laços de afeição e compaixão. É por causa de Cristo que o coração de Paulo estava repleto. Em Cristo ele estava conectado a um reino, um reino de amigos e sua missão era ágape: doar vida, formar vida na vida. O que movia Paulo e Epafrodito era o amor ágape. O mesmo amor de Cristo Jesus por eles, agora era transbordado e em doação mútua entre Epafrodito e Paulo e de ambos para aquela sociedade fria e violenta do Império Romano.

Precisamos aprender a fazer amizades que mutuamente tragam crescimento, mas também precisamos buscar amizades que nascem da doação, que sejam amizades ágapes. Amizades inspiradas nas palavras de Jesus: "O meu mandamento é este: Amem-se uns aos outros como eu os amei. Ninguém tem maior amor do que aquele que dá a sua vida pelos seus amigos. Vocês serão meus amigos, se fizerem o que eu ordeno. Já não os chamo servos, porque o servo não sabe o que o seu senhor faz. Em vez disso, eu os tenho chamado amigos, porque tudo o que ouvi de meu Pai eu tornei conhecido a vocês" (Jo 15:12-15). Foi esse tipo de amizade ágape que transbordou de Jesus para seus primeiros discípulos e depois sobre todo o mundo chegando até nós.

ORANDO A PALAVRA

Querido Deus, hoje minha oração limita-se a um único pedido: peço-te que tragas à minha memória pessoas que se dedicam ao amor ágape, ao amor doador. E que, dentre essas pessoas, eu possa me aproximar de ao menos uma delas e intencionalmente formar vínculo de amizade doadora, de proximidade, de entrega. E que, assim, eu possa de fato vivenciar a Tua Palavra de que há amigos mais chegados do que irmãos, pois há amigos que amam em todo tempo.

DESAFIO

Paulo, em sua recomendação à igreja de Filipos, pede que eles recebam Epafrodito "com grande alegria e honrem homens como este" (Fp 2:29). Você tem honrado em sua família, em seus círculos de contato, homens e mulheres que têm se dedicado em amor ágape, ao amor doador? O que você precisa fazer para ser mais ágape? Você lembra de atitudes de doação e de entrega por seus amigos?

DIA 3

AMIGOS MENTORES

Finalmente, meus irmãos, alegrem-se no Senhor! Escrever de novo as mesmas coisas não é cansativo para mim e é uma segurança para vocês. (Filipenses 3:1)

C. S. Lewis, em seu livro *Os quatro amores*[6], afirma que, para os antigos, a amizade parecia ser o mais feliz e o mais completamente humano de todos os amores, a coroa da vida e a escola da virtude. Em comparação, o mundo moderno a ignora. Lewis levanta a tese de que poucos dão valor à amizade no mundo contemporâneo porque poucos realmente a experimentam. Talvez por ser o "menos natural" dos amores, isto é, o menos instintivo, orgânico, biológico, gregário e necessário, em nosso mundo de relacionamentos utilitaristas. Para Lewis, a amizade brota da perspectiva ou interesse em comum e teria como sua expressão típica algo como: "O que? Você também?! Pensei que eu fosse o único!". Enquanto os amantes olham-se frente a frente, absorvidos mutuamente; na amizade sentamos lado a lado e olhamos para frente, absorvidos em um interesse comum.

Não somente em Filipenses, mas também nas demais cartas de Paulo, encontramos testemunhos de amizades que moldaram o apóstolo e lhe ajudaram a perseverar. As cartas de Paulo revelam a fé cristã como uma fé comunitária e o Reino de Deus como um reino de amigos.

---

[6] LEWIS, C. S. *Os quatro amores*. São Paulo: WMF Martin Fontes, 2005.

Paulo era um homem de profundos relacionamentos que surgiam do mesmo propósito: viverem, crescerem e multiplicarem discípulos de Jesus Cristo. Dentre suas amizades mais conhecidas, podemos lembrar de Barnabé, esse homem que, enquanto todos temiam a Paulo e não acreditavam na sua real conversão à fé cristã, investiu na vida dele sendo seu primeiro mentor logo após sua conversão (veja Atos 9:26-28; 11:25-26). Importante lembrar que Paulo, antes de sua entrega total a Jesus, era um religioso-político-militar perseguidor dos cristãos. Agora, no início de sua conversão, ele passa a ser perseguido por judeus e desacreditado por cristãos que o temiam achando que ele fosse um espião. Paulo, então, se refugiou na Arábia por 3 anos. Após isso, foi apresentado a Pedro e Tiago em Jerusalém por Barnabé (veja Atos 9:26-28) ficando ali por 15 dias e depois retornou a se refugiar em sua terra natal, Tarso, Síria e Cilícia (veja Gálatas 1:17-21).

Foi novamente José, apelidado pelos apóstolos como Barnabé (filho da consolação, encorajador), que, acreditando no potencial e chamado do ainda conhecido como Saulo, foi a Tarso "procurar Saulo e, quando o encontrou, levou-o para Antioquia. Assim, durante um ano inteiro Barnabé e Paulo se reuniram com a igreja e ensinaram a muitos. Em Antioquia, os discípulos foram pela primeira vez chamados cristãos" (At 11:25-26). É nesse contexto de serviço à igreja de Antioquia, sob a mentoria de Barnabé, que surge "como a um que nasceu fora do tempo" (1Co 15:8), um novo apóstolo e mentor de grandes líderes, que aceleraria a mudança da história do mundo começada por Jesus.

Poderíamos perguntar: por que Paulo, um homem culto na filosofia grega e fervoroso conhecedor da religião judaica (veja Atos 22:3; Filipenses 3:3-9) precisaria de um mentor? A verdade é que Paulo conhecia muito sobre a ciência humana e sobre a religião dos judeus, mas não tinha experiência alguma com Jesus, o Messias. Faltava-lhe um mentor na fé cristã, na vida e nos ensinos de Jesus. Alguém que experimentava uma vida com Cristo.

A tradição da igreja no primeiro século afirma que Barnabé andou com Jesus e que ele fez parte do grupo dos 72 (veja Lucas 10:1-9). Não há dúvida que assim como Deus em sua providência usou Reuel, um simples sacerdote do deserto, também conhecido como Jetro, para ser o mentor de Moisés (veja Êxodo 18:7-27; Gênesis 25:1-2), que era um homem culto na filosofia e ciência egípcia, a providência divina também colocou Barnabé para instruir não só conhecimento, mas vida na vida de Paulo.

Paulo replicou esse estilo de vida discipular com seus companheiros de caminhada, como Silas, Timóteo e Lucas, sendo este último o médico que cuidou dele e escreveu a maior parte de sua biografia. Mas é com Timóteo, apesar da diferença de idade, que Paulo desenvolveu uma das mais profundas parcerias de multiplicação de um estilo de amizade discipular por várias igrejas. Estas amizades nasciam da obediência no mandato dado por Jesus após sua morte e ressurreição: "Portanto, vão e façam discípulos de todas as nações, batizando-os em nome do Pai e do Filho e do Espírito Santo, ensinando-os a obedecer a tudo o que eu ordenei a vocês. E eu estarei sempre com vocês, até o fim dos tempos" (Mt 28:19-20).

E cresciam na dimensão de não somente mentorear pessoas, mas também comunidades cristãs inteiras e é por isso que ele escreve: "Finalmente, meus irmãos, alegrem-se no Senhor!

Escrever de novo as mesmas coisas não é cansativo para mim e é uma segurança para vocês" (Fp 3:1).

Agora Paulo vai repetir a uma comunidade inteira juntamente com seus líderes, bispos e diáconos (Filipenses 1:1), o que todo treinador diz para seu aprendiz: Repetir e repetir "as mesmas coisas não é cansativo para mim e é uma segurança para vocês".

Não é natural para muitos de nós a busca por esse tipo de amizade, que autoriza alguém mais experiente a nos liderar alertando sobre pontos cegos em nossa vida e nos trazendo à memória princípios de vida. Até dedicamos tempo para aprendermos algo, mas nos negamos a ouvir repetidamente aquilo que precisamos de fato mudar.

A comunidade cristã é composta por líderes espirituais, pastores, "bispos e diáconos" (Fp 1:1), como indicado no início da carta aos filipenses. Mas, além destes líderes espirituais, Deus usa cada membro desta comunidade para ajudar uns aos outros no crescimento em busca de uma maturidade integral (emocional, social e espiritual). A experiência comunitária cristã precisa nos impulsionar para isso, para aceitarmos a orientação de amigos mentores, de líderes espirituais que, fundamentados nas escrituras sagradas, nos apresentam pontos cegos e princípios eternos nos dando direção no Caminho.

ORANDO A PALAVRA

Faça uma das orações abaixo, conforme sua realidade:

1. Senhor, não tenho permitido ser cuidado por pessoas que o Senhor escolheu para liderar a sua igreja. Tenho ouvido apenas o que me agrada e descartado os ensinamentos que mexem com meus pontos cegos ou com áreas em que preciso crescer. Às vezes, até mesmo desrespeito meus líderes, falo mal deles ou simplesmente os ignoro. Humildemente, peço-te que me ajudes a respeitá-los. Quero orar por eles, caminhar com eles, ouvir seus ensinamentos. Que, por meio também da vida deles, eu me aproxime cada vez mais de ti. Amém!

2. Senhor, como sou grato pelos líderes que o Senhor colocou em minha vida. Desde aquele que o Senhor escolheu para ministrar em uma classe de ensino bíblico ou para liderar um pequeno grupo do qual participo, até o principal pastor da igreja em que frequento. Senhor, que eu também possa ser líder na vida de alguém, possa ensinar e caminhar com quem está entrando agora no Caminho. Que a mentoria da fé seja sempre presente em minha vida. Quero dar e receber. Quero viver em crescimento mútuo e, assim, abençoar, continuar sendo abençoado e estar mais próximo do Senhor.

DESAFIO

Caso você tenha feito a primeira oração, coloque-a em prática ainda essa semana, honrando de alguma maneira seus líderes espirituais.

Você tem amigos mentores na fé perto de você? Irmãos em Cristo mais experientes que lhe ajudam na caminhada? Caso não tenha, ore por isso e busque intencionalmente pessoas para caminhar junto com você!

DIA 4

O GRANDE PERIGO DA JORNADA

*Cuidado com os "cães", cuidado com esses que praticam o mal, cuidado com a falsa circuncisão! Pois nós é que somos a circuncisão, nós que adoramos pelo Espírito de Deus, que **nos gloriamos em Cristo Jesus e não temos confiança alguma na carne**, embora eu mesmo tivesse razões para ter tal confiança...* (Filipenses 3:2-4)

Lembro-me de dois amigos que passaram por momentos muito difíceis em seus relacionamentos ao mesmo tempo em que sofriam grandes pressões na vida profissional. Conheci os dois em épocas diferentes, mas suas histórias tinham muito em comum. Em meio às crises que eles viviam, resolveram fazer o Caminho de Santiago para buscar sentido para suas vidas.

O primeiro, uma amiga, fez o caminho mais curto partindo de Portugal e passando pelo noroeste da Espanha, foram 250 km a pé. O segundo fez o caminho mais longo e partiu da França, percorrendo 800 km. Eles voltaram com muitas histórias e lições de vida. Na época que os conheci, eu era adolescente e gostava de provocá-los para ouvir as histórias e as expressões de aprendizado que tinham para contar.

Além das aventuras, que sempre revelavam pessoas peculiares de todo canto do mundo, registrei a principal lição que eles aprenderam: para uma grande jornada, diminua as bagagens e carregue pouco dinheiro (na época não se usava tanto cartão de crédito), pois do contrário a jornada será carregada de medo e enfado. Peguei esse conselho como lição para a jornada da vida.

Mesmo com tantas experiências e muitos aprendizados, eles não encontraram o *sentido da vida* durante aquela longa caminhada. Somente alguns anos depois, minha amiga se rendeu ao amor de Jesus revelado na cruz do Calvário e encontrou nele o sentido real da vida. Ainda me lembro do dia em que fui deixá-la em casa e ela pediu para eu entrar. Lembro-me dela dizendo que queria entregar tudo aos cuidados de Jesus e, com lágrimas nos olhos, nos ajoelhamos e ela fez uma oração de confissão e entrega ao Senhor Jesus. Quanto ao meu colega, não tive mais contato e ainda não sei se ele teve um encontro real com Jesus, o *sentido da vida*.

Somos chamados a ser mais do que simplesmente cristãos com suas subdivisões de católicos, evangélicos, presbiterianos, batistas, assembleianos e tantas outras. Somos chamados por Jesus para sermos seus discípulos, seus aprendizes. Esse chamado envolve um começo: o momento em que somos encontrados por Jesus, entendemos o *sentido da vida* nele, ouvimos Seu convite e deixamos tudo para segui-lo. Além do começo, o chamado envolve um processo, em que o batismo é apenas a largada pública: o longo caminho de aprendizagem, comunhão, crescimento e transformação em Cristo que alguns irão chamar de formação espiritual, outros de caminho da maturidade ou restauração, mas a expressão bíblica para esse processo é santificação.

A vida com Jesus não é uma jornada de discípulos que buscam encontrar o *sentido da vida*, mas uma jornada de aprendizes que foram encontrados por Cristo Jesus, o verdadeiro *sentido da vida*. É uma jornada de aprendizagem com o próprio Jesus e com um objetivo bem definido, que é alcançar a plena conformidade com a imagem dele Temos muita clareza em relação ao começo da jornada e ao alvo final dela, mas o processo que envolve o crescimento em direção à maturidade cristã ou à santificação, o ser transformado à imagem de Cristo, não tem sido muito considerado. Precisamos nos preparar para os desafios da jornada e para o crescimento durante a jornada.

No início da década de 80, alguns pontos da peregrinação de Santiago traziam perigos, pois bandidos se diziam peregrinos e místicos e assaltavam as pessoas. Porém, meus amigos percorreram todo o caminho alertas não só por causa dos ladrões, mas também porque haviam sido alertados para tomar cuidado com os místicos vendilhões. Ríamos muito das poções e "relíquias" que eles adquiriram na jornada. Eles me falaram do perigo de ser induzido por histórias que "peregrinos" contavam pelo caminho e ser levado para experiências místicas em alguma casa ou ruela e voltar sem nada para trilha, depois de um chá dito terapêutico.

Toda jornada carrega seus perigos e os maiores temores não devem estar na perda de nossos bens, mas na perda dos valores essenciais de nossa alma. O capítulo 3 de Filipenses começa com alertas. Já no versículo 2 a palavra cuidado aparece por três vezes: "Cuidado com os 'cães', cuidado com esses que praticam o mal, cuidado com a falsa circuncisão!" (Fp 3:2).

Paulo alerta para tomar cuidado com homens que se uniam como matilhas e saíam em busca de suas presas vendendo a ideia da autossuficiência humana como meio de salvação. Também fala daqueles que, com discurso filosófico-religioso, como os gnósticos, isentavam as práticas com o corpo de responsabilidade pecaminosa. Os gnósticos diziam que você poderia fazer o que quiser com seu corpo que não seria pecado.

E, por fim, fala dos religiosos judeus que queriam impor sobre os novos cristãos suas práticas e legalismos e a necessidade de tornar-se judeu por meio da circuncisão.

Para Paulo, todos eles se igualavam; todos tinham "confiança na carne". Vendiam a ideia de que podemos confiar em nós mesmos para encontrar o *sentido da vida*. O *sentido da vida* para eles estava em si mesmos e não na pessoa de Jesus. A confiança deles era neles próprios e não na *obra de Cristo na cruz*.

Falsos profetas, nada diferente dos que aparecem nos dias de hoje nas nossas *timelines* das redes sociais. Uns vendendo a autoajuda como meio de salvação e felicidade; outros promovendo uma dicotomia da vida, em que apresenta certa espiritualidade, mas ignora os pecados do corpo; e ainda outros com seus discursos religiosos, legalistas e raivosos vendendo suas religiões e ideologias políticas como salvação. Todos eles têm uma coisa em comum: colocam o homem no centro de tudo, ignorando a soberania e a graça de Deus.

A carta aos Filipenses então mostra que aqueles que encontraram o *sentido da vida* em Jesus, "o caminho, a verdade e a vida" (Jo 14:6), adoram "pelo Espírito de Deus" e sua confiança não está em si mesmos, ou seja, não está na carne, mas em Cristo Jesus. Usando as palavras de Paulo: "Pois nós é que somos a circuncisão, nós que adoramos pelo Espírito de Deus, que nos gloriamos em Cristo Jesus e não temos confiança alguma na carne" (Fp 3:3).

Então, onde está sua confiança?

Sempre somos levados a confiar em alguém ou algo. A confiança revela onde realmente está o nosso coração. E onde está o nosso coração ali se prestará honra, homenagem, culto e adoração. Se enumerarmos onde e em quem depositamos nossa confiança, poderemos criar uma grande lista. Tudo começa com a confiança em nós mesmos, em nossas habilidades, instrução, cultura, rede de amigos e até performance religiosa. Muitas vezes, o fato de termos passado em um concurso muito difícil e agora termos um emprego seguro nos dá uma falsa confiança; ou o fato de termos "resiliência" e termos superado muitas adversidades nos leva a achar que sempre resistiremos; ou ainda, o fato de termos acumulado bens nos "garante" que poderemos enfrentar a escassez. Confiamos em parentes, amigos, confrarias, na ciência, no *network* etc. O arsenal errado de nossa confiança é quase infindável.

Não que não tenhamos que nos prevenir, mas Jesus nos chama para transcender "transilientemente", lançar nossa confiança nele e, por meio dele e para Ele, dedicarmos nosso coração à adoração e glória. Talvez você esteja frustrado, desiludido, desencorajado ou desanimado porque depositou sua confiança em algo ou em alguém errado. Ou talvez você esteja se sentindo muito seguro por tudo que você conquistou ou que conquistaram para você. O chamado de Jesus para sua vida hoje é depositar sua confiança nele e permitir ser lançado para além da resiliência por Ele, deixando de lado as falsas seguranças que são oferecidas pelas conquistas pessoais, religiões e ideologias.

ORANDO A PALAVRA

Pai nosso, sonda meu coração. Mostra-me onde ou em quem tenho depositado minha confiança. Não permites que a confiança no meu (fale para Deus em que você tem depositado sua confiança, por exemplo, em seu trabalho, na sua competência, no seu currículo, na sua família, nos seus bens, na sua força física, na sua beleza, na sua história, nos comentários das pessoas sobre você etc.) tome o Teu lugar. Que eu reconheça que tudo o que eu tenho pode ir embora de uma hora para outra, que tudo é transitório, que não tenho o controle sobre nada. Porém, Tu és perene, o Tu és imutável, o Tu nunca me deixarás. Que a minha confiança e glória esteja somente em ti!

DESAFIO

Fique atento às suas palavras e atitudes. O que aparece como fonte de segurança para sua vida? Anote o que lhe for aparecendo e refaça a oração acima toda vez que lhe vier algo à mente.

DIA 5

METAMORFOSE

Mas o que para mim era lucro, passei a considerar perda, por causa de Cristo. Mais do que isso, considero tudo como perda, comparado com a suprema grandeza do conhecimento de Cristo Jesus, meu Senhor, por quem perdi todas as coisas. Eu as considero como esterco para poder ganhar Cristo e ser encontrado nele, não tendo a minha própria justiça que procede da Lei, mas a que vem mediante a fé em Cristo, a justiça que procede de Deus e se baseia na fé. (Filipenses 3:7-9)

No final dos anos 80, quando iniciei o ensino médio na Escola Técnica do Comércio, era comum, ao andar pelos corredores do prédio central da UFPR, encontrar jovens cantando um rock dos anos 70: *Metamorfose ambulante*. Para aqueles jovens essa canção do Raul Seixas era um hino à liberdade de pensamento e expressão. Eu, com meus quatorze anos de idade, me encantava com aqueles jovens universitários, seus posicionamentos contestadores e sua mentalidade de "livres" pensadores. Mas também me chocava quando os encontrava no centro acadêmico tendo náuseas pelo excesso de bebidas e outras drogas ou muitas vezes chorando pelos cantos com um vazio maior que o desejo deles por liberdade. Eu, ainda adolescente e recém-convertido a Jesus, o Caminho, via tudo aquilo como paradoxal.

Certo dia, estava cantarolando essa música quando meu companheiro de jornada, o Valdir, um jovem que participou do meu processo de conversão, me indagou: Marcos, você está vivendo a metamorfose provocada por Jesus ou a metamorfose ambulante? Aquela pergunta abriu espaço para conversarmos, durante alguns dias, sobre o que de fato é a metamorfose na jornada cristã.

Não há dúvida que, ao escrever a música *Metamorfose ambulante*, Raul Seixas tinha em mente o rompimento com padrões sociais, chamados de "aquela velha opinião formada sobre tudo", e apontava para uma superação do acirramento político-ideológico que marcou sua época, de um mundo bipolar com a guerra fria e de um Brasil com uma ditadura militar fortalecida pela censura e repressão que gerava guerrilhas e violência. Para os anos 70 a música tinha um sentido. Porém, ao cantarem essa música como um hino no final dos anos 80 e início dos anos 90, aqueles jovens universitários queriam dizer outra coisa, pois já vivíamos na democracia e o muro Berlim já tinha caído.

Na verdade, para aqueles jovens, aquela música tinha o mesmo sentido filosófico dos epicureus e estoicos que o apóstolo Paulo, escritor de Filipenses, encontrou quando esteve em Atenas (veja Atos 17:18-23). A metamorfose que eles cantavam falava de mudanças sem marcas do absoluto, do simples prazer em não ter porto seguro, em mudar constantemente, da mudança pela mudança.

Para Paulo, a metamorfose tinha um propósito. É por isso que a carta aos Filipenses fala de metamorfoses que levam para o *sentido da vida*. O propósito da jornada com Jesus, o Caminho, a Verdade e a Vida, é nos levar a não sermos "mais como crianças [na maneira de pensar e agir], levados de um lado para outro pelas ondas, nem jogados para cá e para lá por todo vento de doutrina [ideologias e filosofias] e pela astúcia e esperteza de homens que induzem ao erro" (Ef 4:14).

Como temos falado até aqui, a resiliência tem uma plataforma de retorno, mas a "transiliência" em Cristo tem um alvo, um sentido a ser atingido para além de nós. É por isso que Paulo diz que considera tudo como "perda, comparado com a suprema grandeza do conhecimento de Cristo Jesus, [seu] Senhor, por quem [perdeu] todas as coisas" (Fp 3:7-8). Suas perdas eram o rompimento com as cascas do casulo para a metamorfose. Suas renúncias faziam parte do deixar de ser lagarta para alcançar o *sentido da vida*.

Paulo mostra como a jornada com Cristo é uma jornada em metamorfose que implica não somente em romper com uma "velha opinião formada sobre tudo", mas romper com a antiga natureza e desejos. É uma jornada em "transiliência", um chamado para "despir-se do velho homem, que se corrompe por desejos enganosos, e a serem renovados no modo de pensar e a revestir-se do novo homem, criado para ser semelhante a Deus em justiça e em santidade provenientes da verdade" (Ef 4:22-24).

Na jornada cristã nos tornamos "transilientes", vamos nos tornando cada vez mais leves, pois rompemos com medos criados por nossas falsas religiões e ideologias totalitaristas, e mais livres pois somos libertados de pecados e compulsões que nos aprisionam. É para isso que a carta aos Filipenses nos chama, para irmos além da resiliência, sermos "transilientes". Ser "transiliente" em Cristo é poder alçar voo, renunciando às âncoras mentais, emocionais, sociais e espirituais que nos aprisionam. Como diz Paulo: "esquecendo-me das coisas que ficaram para trás". Tesouros que alimentam o ego, desejos escravizantes e deuses nossos de cada dia. Paulo neste texto que lemos revela como foi seu caminho de metamorfose que implicou em tantas renúncias para crescer em direção ao *sentido da vida*.

Ele começa revelando sua história e os motivos que tinha para confiar nos tesouros da construção humana. Ele diz: "Se alguém pensa que tem razões para confiar na carne, eu ainda mais" (Fp 3:4). Ele tinha sim muitos motivos. Tinha motivos religiosos, pois nasceu e foi criado debaixo de rígido padrão judaico. Dentro de seu povo, vinha de linhagem respeitada e nas palavras dele era "circuncidado no oitavo dia de vida, pertencente ao povo de Israel, à tribo de Benjamim, verdadeiro hebreu; quanto à Lei, fariseu" (v.5).

Paulo tinha também motivos culturais para se orgulhar e estabelecer isso como base para sua vida, pois era cidadão romano e fora instruído aos pés de Gamaliel, um dos grandes mestres do primeiro século. Paulo tinha, além da religião e linhagem nobre judaica, a cidadania romana e toda sua bagagem cultural. Mas nada disso deu sentido à sua vida.

Como adulto, ele chegou a um lugar de proeminência, fez parte do Sinédrio e obteve credenciais militares com autorização para prender e matar. Ele mesmo diz: "quanto ao zelo, perseguidor da igreja; quanto à justiça que há na Lei, irrepreensível" (v.6). Paulo lutou por causas religiosas, políticas e militares, mas o que encontrou foi somente o vazio e a dor.

Diante de todos seus motivos de orgulho, tesouros acumulados em seu coração, agora que está no Caminho que é Jesus, Paulo diz: "Mas o que para mim era lucro, passei a considerar perda, por causa de Cristo. Mais do que isso, considero tudo como perda, comparado com a suprema grandeza do conhecimento de Cristo Jesus, meu Senhor, por quem perdi todas as coisas. Eu as considero como esterco para poder ganhar a Cristo e ser encontrado nele, não tendo a minha própria justiça que procede da Lei, mas a que vem mediante a fé em Cristo, a justiça que procede de Deus e se baseia na fé" (vv. 7-9).

Paulo revela que essa jornada de restauração e crescimento, que começa no nosso encontro e rendição ao senhorio de Jesus, é uma jornada de transformação, uma metamorfose, que implica em diariamente abandonar velhas mentalidades e tesouros para adquirir um único tesouro e uma nova mentalidade. Ele diz: "Quanto à antiga maneira de viver, vocês foram ensinados a despir-se do velho homem, que se corrompe por desejos enganosos, a serem renovados no modo de pensar e a revestir-se do novo homem, criado para ser semelhante a Deus em justiça e em santidade provenientes da verdade" (Ef 4:22-24).

Esse despir-se durante a jornada para se revestir do novo ser humano é o que Jesus já havia ensinado: "Se alguém quiser acompanhar-me, negue-se a si mesmo, tome diariamente a sua cruz e siga-me. Pois quem quiser salvar a sua vida a perderá; mas quem perder a vida por minha causa, este a salvará. Pois que adianta ao homem ganhar o mundo inteiro, e perder-se ou destruir a si mesmo?" (Lc 9:23-25).

Em Jesus nós temos o real *sentido da vida* e agora, assim como Paulo, na jornada, precisamos de fato renunciar o que nos impede de caminhar livremente, sem pesos e amarras.

Precisamos abrir mão para receber. A nossa confiança não deve estar na nossa própria capacidade, pois ela tem um limite e nos impede de transcender. Não é sobre o que podemos fazer, mas sobre o que Jesus pode fazer por nós. Jesus diz: "Venham a mim, todos os que estão cansados e sobrecarregados, e eu darei descanso a vocês. Tomem sobre vocês o meu jugo e aprendam de mim, pois sou manso e humilde de coração, e vocês encontrarão descanso para as suas almas. Pois o meu jugo é suave e o meu fardo é leve" (Mt 11:28-30).

Carregamos o jugo da nossa história pessoal e familiar; o jugo dos tesouros que vamos coletando durante a vida; o jugo do prazer imediato e individualista; o jugo da religião e seus pesos; o jugo da autossuficiência e a pressão de que temos que dar conta; e o jugo das ideologias que trazem seus sistemas que nos prendem e impedem de ver a vida como um todo. Agora, que encontramos o *sentido da vida* em Jesus, precisamos abrir mão dessas âncoras e mochilas para confiar unicamente em Cristo Jesus e em Sua providência.

ORANDO A PALAVRA

Senhor, quantas bagagens fui juntando ao longo do caminho. Juntei a bagagem (nomeie suas bagagens. Ex: a bagagem do profissional que deu certo, do filho educado, da mãe que cuida de tudo, do cristão exemplar, da mulher independente, do marido que nunca deixou faltar dinheiro em casa etc.). Tudo isso, que tantas vezes foi orgulho para mim, nada é comparado a estar perto do Senhor. Que meus afazeres, meus diplomas, minha reputação ou minha história de vida não me impeçam de investir tempo em um relacionamento contigo. Na jornada da vida, não quero ter como alvo apenas uma reputação bem-sucedida ou um trabalho benfeito. Nessa jornada, desejo que o conhecer a ti e o ser mais parecido com o Senhor sejam o meu horizonte, a minha visão mais desejada, o meu alvo mais buscado. Por isso Deus, ajuda-me a deixar as minhas bagagens, os meus fardos tão pesados e a prosseguir, para o alvo, a fim de ganhar o prêmio do chamado celestial de Deus em Cristo Jesus.

DESAFIO

O que você precisa renunciar? Relacionamentos que foram rompidos e precisam de perdão? Bagagens de sua antiga religião que ainda pesam sobre seus ombros? Pecados ocultos que você precisa confessar e pedir ajuda para se libertar? Quais são as bagagens? Procure seu mentor/pastor ou companheiro de caminhada e compartilhe com ele sobre este tema e o que o Espírito Santo tem falado a você.

DIA 6

FOCO NO FUTURO E O FUTURO NO AGORA

Quero conhecer a Cristo, o poder da sua ressurreição e a participação em seus sofrimentos, tornando-me como ele em sua morte para, de alguma forma, alcançar a ressurreição dentre os mortos. **Não que eu já tenha obtido tudo isso ou tenha sido aperfeiçoado, mas prossigo para alcançá-lo, pois para isso também fui alcançado por Cristo Jesus.** *Irmãos, não penso que eu mesmo já o tenha alcançado, mas uma coisa faço: esquecendo-me das coisas que ficaram para trás e avançando para as que estão adiante, prossigo para o alvo, a fim de ganhar o prêmio do chamado celestial de Deus em Cristo Jesus.* Todos nós que alcançamos a maturidade devemos ver as coisas dessa forma, e, se em algum aspecto, vocês pensam de modo diferente, isso também Deus esclarecerá. Tão somente vivamos de acordo com o que já alcançamos. (Filipenses 3:10-16)

O s Jogos Olímpicos, no formato que conhecemos, foram disputados pela primeira vez em 1896 na cidade de Atenas, na Grécia. Mas a origem da Olimpíada vem da Antiguidade, época em que a competição significava um período de trégua num mundo repleto de guerras e conflitos. Só podiam participar dos Jogos Olímpicos cidadãos nascidos em alguma das cidades-estado que formavam a Grécia Antiga. Eram proibidos de competir os estrangeiros, chamados de bárbaros, os escravos e as mulheres.

Vimos até aqui que, uma vez que nos rendemos a Cristo Jesus, recebemos dele uma nova identidade, não adquirida por nossos próprios méritos, mas porque fomos alcançados em Cristo Jesus. Chamamos isso de salvação, porque fomos salvos da nossa antiga maneira de viver para uma nova vida, para uma jornada de metamorfose. Fomos escolhidos pelo maior dos atletas, Jesus, o Senhor que nos leva para além resiliência.

Estamos em uma grande corrida em que fomos escolhidos pelo grande vencedor, que não só nos deu acesso à maratona, mas também nos capacita dia a dia para corrê-la, pois corre conosco, nos acompanha e quer nos ver transformados e vencedores. Temos por meio de Cristo a cidadania do Céu e por isso estamos habilitados para a jornada. Temos nele também o modelo e a capacitação para viver e vencer a jornada.

Um grande atleta é aquele que não se satisfaz somente com o fato de ter sido escolhido para a olimpíada. Ele deseja alcançar mais, ele não se contenta com a posição que ocupa, mas quer alcançar o primeiro lugar no pódio. É isso que acontece na vida do salvo por Jesus que foi escolhido para a jornada.

O apóstolo Paulo, ao escrever Filipenses, é um exemplo de como se posicionar na jornada. Ele poderia considerar que já havia chegado ao topo, ao ponto mais alto da vida cristã, pois ele já havia encontrado o Salvador e vencido muitas batalhas. Mas ele não se comparava com as outras pessoas, o seu modelo era Cristo, e ele não se contentava com as vitórias até ali, ele tinha um alvo ainda mais elevado. Ele diz: "Não que eu já tenha obtido tudo isso ou tenha sido aperfeiçoado, mas prossigo para alcançá-lo, pois para isso também fui alcançado por Cristo Jesus. Irmãos, não penso que eu mesmo já o tenha alcançado, mas uma coisa faço: esquecendo-me das coisas que ficaram para trás e avançando para as que estão adiante, prossigo para o alvo, a fim de ganhar o prêmio do chamado celestial de Deus em Cristo Jesus" (Fp 3:12-14).

Se nos versículos iniciais do capítulo 3 nós vimos que, durante a jornada, precisamos renunciar nossas bagagens para ter somente a Cristo, aqui, nos versículos seguintes, Paulo nos lança para o futuro em direção à ressurreição, ao fim da grande olimpíada. Portanto, todos ainda estamos correndo como atletas para chegar à grande final. Não basta ser escolhido para a jornada, é preciso caminhar, perseverar na jornada.

O maior alvo de um atleta não é somente o pódio, mas se tornar um atleta completo, capaz de vencer em qualquer pista, capaz de se superar. Filipenses nos chama para a maior das ambições: "conhecer a Cristo, o poder da sua ressurreição e a participação em seus sofrimentos, tornando-me como ele em sua morte para, de alguma forma, alcançar a ressurreição dentre os mortos" (Fp 3:10-11).

Esse "conhecer a Cristo, ao poder da sua ressurreição" não é somente "saber sobre" Jesus, o Messias, mas é ter uma intimidade que gera conformidade com Cristo como *sentido da vida*. Este era o maior desejo de Paulo, ser tão íntimo ao ponto de "ser encontrado nele" (Fp 3:9). Seu desejo não era somente chegar à final, mas se tornar como o grande atleta na corrida, se tornar igual a Jesus, participando de seus sofrimentos, tornando-se como ele na sua morte do ego e na expectativa da ressurreição.

O que esse texto nos ensina é para nos afastarmos da ideia de que, se somos cristãos maduros, é porque já chegamos ao fim da jornada. Paulo gentilmente nos adverte contra uma visão do "superespiritual". A verdadeira maturidade, insiste Paulo, significa saber que você ainda não chegou ao topo e que ainda tem muito para "conhecer a Cristo, o poder da sua ressurreição e a participação em seus sofrimentos" (v.10). Como o apóstolo exorta: "vivamos de acordo com o que já alcançamos" (v.16). Não é para retroceder e nem estacionar, mas viver a partir do que já conquistamos. Precisamos viver em intimidade com Cristo Jesus crescendo à sua imagem a cada dia.

Creio que Colossenses 3 nos revela com clareza o que esse trecho de Filipenses quer dizer com conhecer a Cristo, ao poder da sua ressurreição e esquecer das coisas que ficaram para trás e avançar para as que estão adiante, prosseguindo para o alvo, a fim de ganhar o prêmio do chamado celestial de Deus em Cristo Jesus. Como diz N. T. Writght, o poder da ressurreição não é algo para viver no futuro, mas é o futuro para viver agora. É o foco no futuro e a visão do futuro no agora. Observe atentamente:

> *Portanto, já que vocês ressuscitaram com Cristo, procurem as coisas que são do alto, onde Cristo está assentado à direita de Deus. Mantenham o pensamento nas coisas do alto, e não nas coisas terrenas. Pois vocês morreram, e agora a sua vida está escondida com Cristo em Deus. Quando Cristo, que é a sua vida, for manifestado, então vocês também serão manifestados com ele em glória. Assim, façam morrer tudo o que pertence à natureza terrena de vocês: imoralidade sexual, impureza, paixão, desejos maus e a ganância, que é idolatria. É por causa dessas coisas que vem a ira de Deus sobre os que vivem na desobediência, as quais vocês praticaram no passado, quando costumavam viver*

> nelas. Mas agora, abandonem todas estas coisas: ira, indignação, maldade, maledicência e linguagem indecente no falar. Não mintam uns aos outros, visto que vocês já se despiram do velho homem com suas práticas e se revestiram do novo, o qual está sendo renovado em conhecimento, à imagem do seu Criador.
>
> (Colossenses 3:1-10)

O texto de Filipenses começou com a expressão de um desejo ardente de: "conhecer a Cristo, ao poder da sua ressurreição e à participação em seus sofrimentos". É possível conhecer a Cristo e viver o poder da sua ressurreição, mas isso passa por processos de dor por causa das renúncias. O texto de Colossenses traz uma lista de ações que precisam morrer em nossa vida: "Assim, façam morrer tudo o que pertence à natureza terrena de vocês: imoralidade sexual, impureza, paixão, desejos maus e a ganância, que é idolatria. [...] Mas agora, abandonem todas estas coisas: ira, indignação, maldade, maledicência e linguagem indecente no falar. Não mintam uns aos outros, visto que vocês já se despiram do velho homem com suas práticas e se revestiram do novo, o qual está sendo renovado em conhecimento, à imagem do seu Criador". Precisamos deixar morrer o que nos afasta de Deus para nos revestirmos do novo, daquilo que o Senhor tem para nós.

ORANDO A PALAVRA

Senhor, quando olho para mim, vejo o quanto sou apegado ao/à (pronuncie as coisas que te prendem, como consumismo, avareza, violência, orgulho, arrogância do poder, imoralidade sexual, "jeitinho brasileiro", falta de perdão, rancor). Lembro-me agora de tantas situações em que isso ficou tão claro na forma como tenho agido (pare por uns minutos e reflita sobre situações em que alguma daquelas situações que você elencou prevaleceu no seu modo de agir). Perdoa-me. Ajuda-me a renunciar a isso. Quero ser uma pessoa nova, moldada pelo Senhor. Ensina-me a correr em direção ao alvo, sem me distrair com o que aparece à minha volta. Que, ao correr, eu tenha meu olhar fixo no Senhor e que, assim, eu atinja o primeiro lugar no pódio e me torne um atleta tal como o Senhor deseja.

DESAFIO

Vivemos em um mundo de distrações, onde tudo (inclusive muitas ações da lista trazida em Colossenses) cabe dentro da tela de 10 centímetros do celular em que passamos o dia conectados. E, envolvidos nisso, nos distraímos com facilidade e passamos o dia inteiro sem progredir em nada. O que tem distraído você? O que geralmente tira o seu foco? Quais dessas práticas você precisa renunciar? Você tem colocado tudo isso na cruz de Cristo?

SHABAT

O DESCANSO NO SENHOR

Nesta semana, refletimos sobre a importância das amizades e sobre a necessidade de crescimento constante. A princípio parecem dois temas distintos, mas não são. O nosso crescimento como aprendizes de Jesus só é pleno por meio de relacionamentos intencionais, relacionamentos discipuladores. Relacionamentos entre aprendizes de Jesus, que mutuamente ajudam um ao outro.

É por isso que Jesus estabeleceu sua igreja. As vivências como igreja a partir de ações de serviços ministeriais e dos seus pequenos grupos oportunizam a cada pessoa desenvolver estes relacionamentos discipuladores.

Neste dia de descanso, convido-lhe a avaliar sua jornada e orar pedindo a Deus que lhe ajude a investir em relacionamentos significativos. Convido-lhe também a pedir ao Espírito Santo que lhe revele bagagens e pesos que lhe impedem de avançar. Coisas que muitas vezes não são pecados, mas que levam você ao pecado. Outras que são pecados e que precisam ser confessados e renunciados diante de Deus. Leia novamente o texto da Palavra de Deus abaixo e deixe Deus falar com você.

> *Portanto, já que vocês ressuscitaram com Cristo, procurem as coisas que são do alto, onde Cristo está assentado à direita de Deus. Mantenham o pensamento nas coisas do alto, e não nas coisas terrenas. Pois vocês morreram, e agora a sua vida está escondida com Cristo em Deus. Quando Cristo,*

que é a sua vida, for manifestado, então vocês também serão manifestados com ele em glória. Assim, façam morrer tudo o que pertence à natureza terrena de vocês: imoralidade sexual, impureza, paixão, desejos maus e a ganância, que é idolatria. É por causa dessas coisas que vem a ira de Deus sobre os que vivem na desobediência, as quais vocês praticaram no passado, quando costumavam viver nelas. Mas agora, abandonem todas estas coisas: ira, indignação, maldade, maledicência e linguagem indecente no falar. Não mintam uns aos outros, visto que vocês já se despiram do velho homem com suas práticas e se revestiram do novo, o qual está sendo renovado em conhecimento, à imagem do seu Criador.

(Colossenses 3:1-10)

SEMANA 6

PLENITUDE E TRANSBORDAMENTO

DIA 1

ENSINO-APRENDIZAGEM

Irmãos, sigam unidos o meu exemplo e observem os que vivem de acordo com o padrão que apresentamos a vocês. Pois, como já disse repetidas vezes, e agora repito com lágrimas, há muitos que vivem como inimigos da cruz de Cristo. O destino deles é a perdição, o seu deus é o estômago, e eles têm orgulho do que é vergonhoso; só pensam nas coisas terrenas. **A nossa cidadania, porém, está nos céus, de onde esperamos ansiosamente o Salvador, o Senhor Jesus Cristo.** *Pelo poder que o capacita a colocar todas as coisas debaixo do seu domínio, ele transformará os nossos corpos humilhados, tornando-os semelhantes ao seu corpo glorioso. Portanto, meus irmãos, a quem amo e de quem tenho saudade, vocês que são a minha alegria e a minha coroa, permaneçam assim firmes no Senhor, ó amados!* (Filipenses 3:17–4:1)

Não há dúvidas que as pessoas que realizam algo importante no mundo são aquelas dominadas por uma causa. Seja a conquista de um prêmio Nobel, visitas a lugares inóspitos ou mesmo a defesa de sua família, sempre vamos encontrar homens e mulheres dispostos a sacrificar tudo por uma grande paixão. Todo capítulo três da carta aos Filipenses revela como isso se deu na vida de Paulo desde que foi conquistado por Cristo. Ele sabia que estava completamente comprometido com a jornada cristã e, inspirando-se em um perfeito atleta, mantinha diligentemente seu alvo, sem se desviar ou olhar para trás. Seu foco era "ganhar o prêmio do chamado celestial de Deus em Cristo Jesus" (Fp 3:14).

Mesmo com esse hiperfoco no *sentido da vida*, Paulo se abre para levar outros a terem a mesma conquista que ele. Como um atleta que já teve várias vitórias, ele se abre para ensinar outros. A partir do versículo 17, ele passa a nos convidar para seguir seus passos e os passos de outros grandes homens que também estão nessa jornada: "Irmãos, sigam unidos o meu exemplo e observem os que vivem de acordo com o padrão que apresentamos a vocês".

Paulo nos lembra, em Filipenses, desde seu início, da importância de estarmos abertos ao outro e de nos lançarmos em sua direção. Passamos para além da resiliência, avançamos em "transiliência", quando nos lançamos para fora em direção ao outro, para aprender e para ensinar. O caminho do discipulado de Jesus é um caminho de ensino-aprendizagem. Precisamos sempre estar dispostos a ensinar e, enquanto ensinamos, precisamos estar abertos para aprender. Podemos partir também do contrário: precisamos estar dispostos sempre a aprender e, enquanto aprendemos, precisamos estar dispostos a ensinar. Esse é um dos grandes princípios apresentados nesta carta: buscarmos relacionamentos onde possamos ser aprendizes-treinadores e treinadores-aprendizes. Na Igreja Batista do Bacacheri, da qual participo em Curitiba-Paraná, chamamos isso de relacionamentos discipuladores: relacionamentos intencionais que acontecem para o crescimento mútuo.

Mas esse texto não para aí. Ele mostra ainda outro princípio importante nessa relação de ensino-aprendizagem. Paulo, como todo mestre, passa a alertar aqueles que o seguiam para que se cuidassem com os "que vivem como inimigos da cruz de Cristo. O destino deles é a perdição, o seu deus é o estômago, e eles têm orgulho do que é vergonhoso; eles só pensam nas coisas terrenas" (Fp 3:18-19).

A preocupação dele era com falsos mestres, os mesmos que aparecem todos os dias em nossa *timeline* das redes sociais. Ele já havia alertado os cristãos acerca disso repetidas vezes e agora repetia com lágrimas que o foco desses falsos mestres é nos induzir a sermos guiados pelos nossos próprios desejos (deus é o ventre) e pelo prazer sem limites (orgulho do que é vergonhoso), pensando somente nesta vida e não na vida eterna.

Em nossos dias de excessivo individualismo, falas como essa de Paulo parecem muito invasivas. A geração do politicamente correto perdeu o senso comunitário e se tornou melindrada, ofendendo-se com qualquer intromissão pessoal. Porém, na condição de comunidade de aprendizes de Jesus que tem a missão de aprender e ensinar, precisamos alertar as pessoas, mostrando as falhas e os abismos que podem existir pela frente. O princípio que nos lança para além da resiliência aqui é: "Irmãos, sigam unidos o meu exemplo". Observe a expressão: "sigam unidos". O chamado é para um espírito comunitário, em que um ajuda o outro a crescer, aprendendo e crescendo mutuamente por meio de relacionamentos discipuladores. Precisamos cuidar dos nossos companheiros de jornada, não podemos nos silenciar ou omitir.

Quando o nosso foco é egoísta, tudo o que fazemos é apontar o erro dos outros para que somente nós nos elevemos. Mas quando temos o foco no *sentido da vida*, na cidadania celestial, conseguimos mostrar ao outro os pontos que é necessário desenvolver, de modo a fazê-lo crescer sem interesses próprios, movidos pelo amor.

> *A nossa cidadania, porém, está nos céus, de onde esperamos ansiosamente um Salvador, o Senhor Jesus Cristo. Pelo poder que o capacita a colocar todas as coisas debaixo do seu domínio, ele transformará os nossos corpos humilhados, para serem semelhantes ao seu corpo glorioso.* (Filipenses 3:20-21)

Paulo sabia que a sua cidadania estava no Céu e que, por isso, a sua conduta deveria ser compatível com essa cidadania. Sua conduta deveria evidenciar o reino do Céu na Terra, como pedimos na oração do Pai Nosso: "venha o Teu Reino". O Céu é a nossa origem e o nosso destino. Lembre-se que quem te colocou na pista de corrida e nessa jornada foi Jesus, então você vai correr em direção a Ele.

O alvo do apóstolo Paulo era viver nesta Terra com a cidadania do Céu, preparando-se para o seu encontro com Jesus, o atleta dos atletas, o Senhor dos senhores. Cristo é o nosso Salvador e Senhor, Ele venceu a morte e ressuscitou para nos dar vida e agora nos auxilia para crescermos à Sua imagem até o nosso encontro final com Ele, quando seremos plenamente transformados.

ORANDO A PALAVRA

Pai querido, sei que a vida de Jesus deve ser meu exemplo. Sei que, agindo como Ele, posso também ser exemplo para os outros. Ensina-me e me faz mais parecido contigo. Que eu possa me inspirar em companheiros de caminhada que também te buscam. Ensina-me a cuidar do outro, a alertá-lo sobre os riscos das escolhas, sobre os falsos profetas, sobre as tentações. Que eu seja luz no caminho escuro e que, assim, eu possa fazer diferença e ir além da resiliência.

DESAFIO

Você está ansioso e sedento por este encontro com Jesus? É isso que o encoraja a passar pelas lutas? É isso que move você a desenvolver os seus dons e talentos para ajudar outros a crescerem à imagem de Jesus?

Você tem se deixado ser treinado por outras pessoas? Você tem se dedicado a treinar outras pessoas, para crescerem com você nesta jornada?

Quem são as pessoas que você tem influenciado com os valores do Reino de Deus? Se você não tem pessoas assim, anote os nomes de quem você convive e comece intencionalmente a orar por eles e pedir a Deus oportunidade para influenciá-los e levá-los para cada vez mais perto de Jesus.

DIA 2

CONSTRUTORES DE PONTES

O que eu rogo a Evódia e também a Síntique é que vivam em harmonia no Senhor. Sim, e peço a você, leal companheiro de jugo, que as ajude; pois lutaram ao meu lado na causa do evangelho, com Clemente e meus demais cooperadores. Os seus nomes estão no livro da vida. Alegrem-se sempre no Senhor. Novamente direi: alegrem-se! **Seja a amabilidade de vocês conhecida por todos.** *Perto está o Senhor."* (Filipenses 4:2-5)

O período que o mundo viveu com a pandemia da COVID19 mudou a rotina de todos. Obrigou o resgate de antigos hábitos familiares e desafiou também o aprendizado de novos. Em minha casa, dentre os muitos aprendizados, tivemos o resgate das tarefas domésticas. Por estarmos em casa todos os dias, tornou-se necessário inserir na agenda o tempo da limpeza diária e o dia da limpeza semanal. Uma das coisas que fiquei responsável foi a lavagem da louça e meus filhos ficaram com a missão de secar e guardar.

Como eu não tinha mais o hábito diário de cuidar da louça, no começo, algumas vezes deixei para o outro dia. Não demorou muito para eu entender que essa era a pior escolha que eu poderia fazer. Percebi que eu precisaria tirar a parte gordurosa imediatamente após o uso, pois, se deixasse para o outro dia, além do acúmulo da louça, eu ainda teria trabalho dobrado para tirar crostas impregnadas de gordura que muitas vezes só sairiam com água quente. Lembrei da regra de ouro que sempre minha mãe dizia: "Nunca deixe a louça para outro dia! Vai ser assustador e muito mais trabalhoso!".

Essa experiência com a louça cabe bem para o tema de hoje. Filipenses trata o relacionamento como algo de extrema seriedade, nos mostra a importância do papel de cada um para o bem comum e não esconde os problemas naturais que os relacionamentos sempre trazem.

Nesse ponto da carta, o apóstolo Paulo traz à tona um problema entre duas líderes que foi deixado sobre a mesa e que agora precisou da intervenção do apóstolo com uma palavra pastoral. A mesma carta que traz princípios tão profundos de superação, traz um exemplo real e nominal que precisava ser resolvido com urgência. Isso mostra o valor que os relacionamentos têm na jornada cristã.

Quem de nós já não teve seus embaraços durante o trabalho e convívio com outra pessoa? Uma palavra áspera na hora da correria que acaba sendo mal interpretada, uma resposta amarga dita precipitadamente, um olhar não trocado por alguns dias. Tudo isso vai gerando crostas de ressentimento e amargura que, a cada dia, se tornam mais difíceis de tirar.

Evódia e Síntique tinham nomes com significados bonitos (Evódia significa "doce fragrância" e Síntique "boa sorte"), mas estavam vivendo o contrário do que eles representavam. Paulo diz que elas "lutaram ao lado [dele] na causa do evangelho" (Fp 4:3). Eram, juntamente com Lídia, líderes de influência naquela igreja. As mulheres macedônias eram mulheres de forte liderança e serviam estrategicamente nas igrejas, ainda que as posições principais da igreja estivessem sob a liderança masculina.

Não é difícil, mesmo quando estamos lutando por causas nobres, colocarmos nossos interesses pessoais e perdermos o foco. Colocamos o "eu" acima do "nosso". Podemos facilmente desviar o nosso olhar de Cristo e agirmos por vanglória e partidarismo (veja Filipenses 2:3-5,17,20,30). A situação das duas poderia ter sido resolvida entre elas. Como bem ensinou Jesus: "Se o seu irmão pecar contra você, vá e, a sós com ele, mostre-lhe o erro. Se ele o ouvir, você ganhou seu irmão" (Mt 18:15). Jesus nos ensina que uma conversa, entre duas pessoas maduras em humildade, é o primeiro passo para a resolução de conflitos. Mas caso Evódia e Síntique não tivessem conseguido resolver seu conflito conversando entre si, a situação poderia ter sido resolvida por um pequeno grupo de amigos, como Jesus ensinou que seria o segundo passo para reconciliação: "Mas se ele não o ouvir, leve consigo mais um ou dois outros, de modo que 'qualquer acusação seja confirmada pelo depoimento de duas ou três testemunhas'" (Mt 18:16). Não sabemos se elas deram esses passos na busca da resolução. "Se ele se recusar a ouvi-los, conte à igreja; e, se ele se recusar a ouvir também a igreja, trate-o como pagão ou publicano" (v.17). O certo é que o caso precisou da intervenção da liderança daquela comunidade, como ensinou Jesus que é necessário quando não somos capazes de construir pontes sozinhos. Como a louça que vai ficando encardida e incrustada a ponto de precisar de água quente para que a sujeira seja removida, aquelas irmãs precisaram de uma ação mais enérgica e dolorida para crescerem como verdadeiras aprendizes de Jesus.

Paulo interveio e solicitou a ajuda de um líder da igreja, seu "leal companheiro de jugo" (Fp 4:3) no serviço a Deus, para agora juntos cumprirem o que Jesus ensina sobre sermos comunidade: "Tudo o que vocês ligarem na terra terá sido ligado no céu, e tudo o que vocês desligarem na terra terá sido desligado no céu" (Mt 18:18).

Ser comunidade cristã é cada um ser um construtor de pontes, ligando na Terra e ligando no Céu, pessoas com pessoas e pessoas com Deus. É o exercício do ministério da reconciliação, pois não existe relacionamento vertical (eu com Deus), se não há comunhão horizontal (eu com o próximo). É por isso que construir pontes em relacionamentos nos lança para além da resiliência em "transiliência".

Não podemos deixar a louça suja para o outro dia. Essa é a regra de ouro para uma casa saudável. Não podemos deixar as rusgas nos relacionamentos para resolver mais tarde. Essa é a regra de ouro para uma vida plena. Não podemos deixar os ressentimentos se solidificarem gerando amarguras. Quanto mais sentimentos negativos com relação a outras pessoas se solidificam em nossas vidas, mais ficamos presos, inertes e sobrecarregados, nos impedindo de transcender, expandir e viver "transiliência".

ORANDO A PALAVRA

Faça uma das orações abaixo, conforme sua experiência.

1. Querido Pai, há alguém com quem preciso me reconciliar? Nesse momento, não me lembro de uma pessoa sequer. Porém, peço que Teu Espírito Santo traga à minha memória, caso tenha alguém que esteja magoado comigo e que eu precise pedir perdão. Ou alguém com quem eu tenha agido como não deveria — ainda que esta pessoa não tenha ficado magoada ou triste — para que eu possa dar a ela uma palavra amiga e me desculpar pela maneira como agi. Senhor, que meus relacionamentos sempre criem pontes e nunca gerem barreiras.

2. Querido Pai, nesse momento salta em minha mente a situação conflituosa que estou vivendo/que vivenciei com (diga o nome da pessoa com quem você teve ou está tendo uma situação de conflito). Reconheço que precisamos resolver esse conflito. Dá-me sabedoria e coragem para conversar com ele(a), para pedir perdão por algo que eu fiz ou possa ter feito mesmo sem saber (ainda que você não tenha sido o(a) causador(a) do conflito, o pedido de perdão é a primeira atitude para (re)construção de pontes em um relacionamento). Se eu não tiver coragem para essa conversa, mostre-me alguém que possa ir comigo, mas não deixe que esse conflito permaneça. Sei que a Tua vontade é que vivamos em harmonia e assim quero fazer. Por favor, ajuda-me. Que as palavras dos meus lábios sejam canais de bênção e reconciliação. Amém.

DESAFIO

Quando se tem alguma queixa com outra pessoa é necessário que se resolva logo, pois se deixarmos para depois será muito mais trabalhosa a resolução e será uma brecha para que Satanás tome vantagem sobre nossas vidas. Observe o que a Palavra de Deus diz: "Se vocês perdoam a alguém, eu também perdoo; e aquilo que perdoei, se é que havia alguma coisa para perdoar, perdoei na presença de Cristo, por amor a vocês, **a fim de que Satanás não tivesse vantagem sobre nós; pois não ignoramos as suas intenções**" (2 Coríntios 2:10-11 — ênfase adicionada pelo autor).

Pense nas pessoas que você se relaciona. Caso tenha alguém que você precisa ser ponte de reconciliação, ou mesmo ser ponte para ela se reconciliar com outra pessoa, que tal seguir os conselhos da Palavra de Deus e não dar brecha para Satanás?

Que as palavras dos meus lábios e o meditar do meu coração sejam sempre agradáveis ao Senhor e aos outros.

DIA 3

ANTÍDOTOS CONTRA A ANSIEDADE

Perto está o Senhor. Não andem ansiosos por coisa alguma, mas em tudo, pela oração e súplicas, e com ação de graças, apresentem seus pedidos a Deus. E a paz de Deus, que excede todo o entendimento, guardará o coração e a mente de vocês em Cristo Jesus. (Filipenses 4:5-7)

Sempre vi a ansiedade como um problema exclusivo das grandes cidades e da cultura ocidental. Somente depois que fiz algumas viagens missionárias e após ouvir os missionários e pastores locais, descobri que a ansiedade toma conta de todas as pessoas, independente das condições geográficas e culturais. Não há dúvidas que o estilo frenético da vida urbana, com sua corrida capitalista, potencializa muitas doenças provenientes da ansiedade, mas todos estamos sujeitos, independente do estilo de vida que levamos ou de onde moramos, a vivermos ansiosos.

É claro que todos que levam a sério as responsabilidades não conseguem evitar o sentimento de preocupação pelo que possa vir a acontecer. Isso é algo natural no ser humano e é uma das razões do progresso e avanço da própria humanidade. A ansiedade se manifesta como um mecanismo de sobrevivência para lidar com situações de perigo, basicamente é uma expectativa apreensiva relacionada ao que está por vir. Em situações de medo e dúvida, situações que ofereçam risco ou perigo, nosso organismo, em uma tentativa de proteção, dispara o sistema de "luta e fuga". Funciona como resposta adaptativa diante de um acontecimento que exige tomada de decisão, como por exemplo, antes de fazer uma prova, apresentar um trabalho ou decidir pelo casamento. A ansiedade deixa a pessoa alerta diante de situações que possam apresentar riscos.

O lado negativo da ansiedade é que a preocupação em níveis excessivos pode se transformar em um transtorno que demanda tratamento. Antes mesmo da chegada do coronavírus, o Brasil já era considerado o país mais ansioso do mundo[1]. Com a pandemia de 2020, os casos de ansiedade aumentaram 80%. Um dos principais desafios de nossos dias, segundo psicólogos, é vencer a doença do século, a ansiedade. A Organização Mundial da Saúde (OMS) alerta que mais de 50% das pessoas que passam pelos hospitais, desde crianças até os mais idosos, são vítimas desse mal, pois ela é a fonte de muitas doenças físicas que acometem o ser humano.

A palavra no original, usada no versículo 6 do capítulo 4 de Filipenses para ansiedade, é o verbo *merimnao* que significa "ser ansioso de antemão"[2], ficar "indevidamente preocupado"[3]. Mas o que naquela cultura antiga poderia gerar ansiedade?

Visitando outras culturas mais rurais e mais animistas, como algumas partes do interior do Brasil e da África, descobri que a cosmovisão, as crenças sobre Deus e a vida, influenciam muito em nossa ansiedade. O mundo pagão antigo para o qual Paulo escreveu sofria também desse mal. A mentalidade daquela época era carregada por crenças em uma

---

[1] Disponível em: https://www.band.uol.com.br/entretenimento/brasil-e-considerado-o-pais-mais-ansioso-do-mundo-e-o-5o-mais-depressivo-16315866
[2] *Dicionário de Teologia do Novo Testamento* – Vol. I – A-D: p.229
[3] CHAMPLIN R. N. *O Novo Testamento Interpretado* – Vol.5 Filipenses: p.62

diversidade de deuses e deusas que ficavam à espreita para pegar o "fiel" em algum ato falho que talvez nem ele próprio soubesse. Assim, a necessidade de satisfazer os caprichos desses deuses para ter uma vida protegida criava uma sociedade do medo onde a ansiedade se potencializava.

O que se revela nesse texto bíblico é que a ansiedade é um sentimento errado a respeito das circunstâncias, das pessoas e das coisas[4]. A ansiedade está relacionada à maneira errada que pensamos a respeito de Deus e sobre como nos relacionamos com Sua soberania sobre nossa vida. Basicamente, é uma condição da alma que se opõe diretamente à confiança na fiel e provedora presença de Deus, gerando inquietação, apreensão, temor e até ira. Uma das fontes da ansiedade é o desconhecimento de quem é Deus e de como ter um relacionamento saudável com Ele.

É por isso que o capítulo 4 começa com esta exortação: "permaneçam firmes no Senhor" (v.1), naquele que nos fortalece. Nesse sentido, quando estamos firmes no Senhor, não por medo, mas por confiança na sua providência, somos lançados para além da resiliência, em "transiliência" para Sua vontade que é sempre "boa, agradável e perfeita" (Rm 12:2).

Três princípios aparecem nestes versículos da carta aos Filipenses que são antídotos que nos libertam da prisão da ansiedade e nos lançam em "transiliência": intimidade reverente com Jesus, súplicas e ação de graças, pois Cristo está perto e está prestes a voltar.

A intimidade com Jesus nos leva a transcender, nos conduz a olhar para a dimensão espiritual, não fixando nossas

---

[4] WIERSBE, Warren W. *Comentário bíblico expositivo*. Vol. 6, 2006: p.123.

preocupações somente para essa vida. Isso é experimentado na santa presença de Jesus, pois "perto está o Senhor" (Fp 4:5), mas também na santa expectativa, pois perto está a volta de Jesus para vivermos eternamente com Ele. Esta é a capacidade "transiliente" de se lançar ao encontro do Criador por meio de Jesus Cristo. Um chamado para viver o "já e o ainda não". Um "já" experimentando a doce presença de Jesus, com a segurança de que não estamos sozinhos, pois "perto está o Senhor"; um "ainda não", com a expectativa no amanhã, sabendo que "perto está o Senhor" da sua volta.

Essa experiência de comunhão que nos lança ao Criador se dá por meio da *proseuche*, que é a palavra original no grego, traduzida aqui como oração. Essa palavra significa algo mais do que pedir coisas a Deus. Seu sentido é de reverência, devoção e adoração. Não é a oração triunfalista e clientelista que exige de Deus seus direitos, mas a oração da confiança na soberania do Pai de amor. É um chamado para, nos momentos em que a ansiedade bate à porta, ficarmos sozinhos com Deus para adorá-Lo, focando nossa atenção em Deus e não em nós mesmos, em transcendência[5]. A oração de confiança no Pai Celestial é um refúgio nos Seus braços e um alinhamento com a Sua Providência para o hoje e para o amanhã.

É nesse encontro de abraço reverente, que revela a nós quem é Deus, que avançamos para o segundo antídoto libertador, quando apresentamos nossas súplicas ao Senhor; quando nos revelamos dependentes dele e lançamos sobre Ele toda nossa ansiedade, declaramos que confiamos em Seus desígnios.

---

[5] CHAMPLIN R. N. *O Novo Testamento Interpretado* – Vol.5 Filipenses: p.62

Jesus nos ensinou a pedir confiantes na vontade soberana do Pai: "Peçam, e será dado; busquem, e encontrarão; batam, e a porta lhes será aberta" (Mt 7:7). É neste ambiente de abrigo e de conhecimento íntimo do Pai Celestial que diminuímos nossa ansiedade e "em tudo, pela oração e súplicas, e com ação de graças" (Fp 4:6), apresentamos "todos nossos interesses a Deus, sejam grandes e pequenos. Porquanto nada é grande demais para o poder de Deus e nem nada é pequeno demais para merecer o seu cuidado paternal"[6].

Tudo isso permeado pelo terceiro e último antídoto libertador, um espírito de gratidão. Um olhar de gratidão sobre o passado, presente e futuro cheios de alegria por termos o Pai Celestial agindo com Sua providência em nossas vidas. A verdade é que "não podemos rogar a Deus novas demonstrações de misericórdia, a menos que tenhamos consciência clara daquilo que já nos foi outorgado pelo Senhor. O homem ingrato não pode orar, porquanto não tem ideia verdadeira da bondade de Deus"[7]. É nessa atmosfera de intimidade com o Pai Celestial, vivendo Sua presença no agora e a expectativa de estar com Ele em sua segunda vinda, permeada por um coração grato e com súplicas confiantes em Sua Soberania, que nasce a "paz de Deus, que excede todo o entendimento"; a paz capaz de "guardar o coração e a mente [...] em Cristo Jesus" (Fp 4:7).

---

[6] Idem

[7] CHAMPLIN R. N. O Novo Testamento Interpretado – Vol.5 Filipenses:p.62

ORANDO A PALAVRA

Senhor Deus, aquece meu coração com a expectativa da sua vinda. Não permitas que minha esperança seja restrita ao que vejo com meus olhos físicos. Incomoda-me para que eu viva um relacionamento íntimo e confiante com o Senhor, que eu viva vendo com os olhos da fé e com o coração cheio de esperança e expectativa pela Tua volta.

DESAFIO

Você tem crescido nesse relacionamento íntimo e confiante em Deus? Tem tido encontros de adoração com o Pai Celestial e desenvolvido a expectativa de estar face a face com Ele? Você anseia pela volta de Jesus para estar na presença de Deus ou sua ansiedade é com este mundo? Você tem desenvolvido gratidão ou apatia e murmuração?

Invista mais tempo em adoração a Deus. Pare tudo e dedique tempo para cantar louvores ou colocar músicas de adoração. Ficar em silêncio, adorar e louvar a Deus. Retome suas listas de gratidão e faça disso uma prática diária.

DIA 4

PENSAMENTOS TRANSFORMADOS, VIRTUDES PRATICADAS

*Finalmente, irmãos, tudo o que for verdadeiro, tudo o que for nobre, tudo o que for correto, **tudo o que for puro, tudo o que for amável, tudo o que for de boa fama, se houver algo de excelente ou digno de louvor, pensem nessas coisas**. Ponham em prática tudo o que vocês aprenderam, receberam, ouviram e viram em mim. E o Deus da paz estará com vocês.* (Filipenses 4:8-9)

Certa vez, um idoso recebeu a visita de seus netos já adultos. Depois de algumas histórias da longa vida daquele ancião, um dos jovens indagou: o senhor poderia nos ensinar o que de mais precioso aprendeu em toda sua experiência de vida? Estou muito velho — respondeu o homem — o que tenho são muitas histórias como estas que lhes falei. Um dos jovens rapidamente disse: o senhor está velho e sábio. Suas histórias lhe deram sabedoria. Nossos pais e nós sempre te vimos dedicando muito tempo em oração durante toda sua vida. O que o senhor conversava com Deus? O que o senhor pedia? O que devemos pedir a Deus? O idoso sorriu e disse: no começo, com a energia de uma criança, eu pedia muitas coisas para Deus. Queria sempre mais. Depois, quando tinha a força da juventude e acreditava no impossível, eu me ajoelhava diante de Deus e pedia para que Ele me desse ainda mais forças para mudar o mundo. Aos poucos, vi que era uma tarefa para além das minhas forças. Então comecei a pedir a Deus que me ajudasse a mudar o que estava à minha volta.

Nisso um dos netos interrompeu e disse: podemos garantir que neste caso seu desejo foi atendido; seu exemplo serviu para ajudar e transformar muita gente. O senhor logo respondeu: é verdade, ajudei muita gente com meu exemplo, mas dentro de mim havia lutas e ansiedades que me diziam que ainda não fazia a oração perfeita. Só agora, no final de minha vida, é que entendi o pedido que deveria ter feito desde o início. Um dos jovens interpelou: e qual é este pedido? Nos conte! Precisamos aprender! E o ancião respondeu: que eu fosse capaz de mudar a mim mesmo.

O capítulo quatro da carta aos Filipenses, começa nos mostrando a importância da saúde nos relacionamentos transversais, a necessidade de vivermos ensino-aprendizagem e sermos construtores de pontes. Logo após, revela a importância do relacionamento vertical, uma relação saudável de uma comunhão íntima com o Pai Celestial, nosso Criador, para vencermos a ansiedade. Agora nos faz olhar para nós mesmos e nos leva a avaliar nossos pensamentos e desejos. Leva-nos a focar nossos pensamentos e desejos não em coisas, pessoas ou causas, mas em virtudes da alma que nos levam a transcender, que nos tornam ainda mais "transilientes".

Somos frutos de um ciclo de pensamentos, desejos e comportamentos que se retroalimentam. Nossos pensamentos geram desejos, que geram pensamentos, que geram ações boas ou ruins. As Escrituras Sagradas falam sobre essa fonte de desejos que pode tomar conta de nós e gerar ansiedade, pecado e violência, quando nos indaga: "De onde vêm as guerras e contendas que há entre vocês? **Não vêm das paixões que guerreiam dentro de vocês?** Vocês cobiçam coisas, e não as têm; matam e invejam, mas não conseguem obter o que desejam. Vocês vivem a lutar e a fazer guerras. Não têm, porque não pedem. Quando pedem, não recebem, **pois pedem por motivos errados, para gastar em seus prazeres**" (Tg 4:1-3 — ênfase adicionada pelo autor).

Geralmente, quem sofre com os transtornos de ansiedade sofre também com pensamentos negativos que invadem a mente sem aviso. Os psicólogos dizem que estes pensamentos funcionam como amplificadores das nossas preocupações. A sensação é de estar em uma tormenta incontrolável na mente, que nos deixa ainda mais no caos e confusos. Não raro, esses pensamentos vêm carregados de negativismo, de uma sensação de que algo ruim está prestes a acontecer, mesmo que não haja nenhuma evidência que aponte para isso. Há um temor do futuro ou um remoer do passado que gera medo.

Filipenses traz agora algumas virtudes em que devemos focar nossas mentes, como uma vacina contra a ansiedade. Por causa do pecado em nós, das pressões de uma sociedade que está longe de Deus e do inimigo de nossas almas, nossa mente é seduzida e nos arrasta para longe de Deus nos escravizando em ansiedade. Diante disso, buscar o Pai Celestial em oração e solitude e buscar uma nova mentalidade exigirá de nós esforço consciente, pois nossas maiores batalhas são travadas no campo da mente. É por isso que a Palavra de Deus afirma: "As armas com as quais lutamos não são humanas; ao contrário, são poderosas em Deus para destruir fortalezas. Destruímos argumentos e toda pretensão que se levanta contra o conhecimento de Deus e **levamos cativo todo pensamento, para torná-lo obediente a Cristo**" (2Co 10:4-5 — ênfase adicionada pelo autor).

A primeira virtude que Filipenses traz é *alethe*[8], pensamentos e desejos focados na verdade. Vivemos o tempo da enxurrada de *fake news*. As redes sociais se tornaram o motor propagador de meias verdades e mentiras completas. O mais triste disso é que líderes, políticos, artistas e religiosos se tornam multiplicadores de inverdades sem fazer qualquer avaliação. *Fake news* têm gerado medo, ansiedade e até conflitos. Grande parte do que povoa a mente das pessoas que vivem a ansiedade são coisas imaginárias ou que envolvem questões fora de seu controle[9]. O excesso de exposição mental às redes sociais tem alimentado ainda mais estes falsos pensamentos. Se queremos ser aprendizes de Jesus capazes de ir além da resiliência, "transilientes", devemos cuidar da nossa mente e precisamos ser altamente criteriosos com tudo que assistimos, lemos e compartilhamos. A carta aos Filipenses nos chama a verificar se o que chega às nossas telas realmente é verdade ou é fruto de manipulação política, ideológica ou até fantasia religiosa. Quem não tem *alethe*[10], pensamentos e desejos focados na verdade, produz e se torna canal de meias verdades, que é uma mentira inteira. Como disse Dostoiévski, "quem mente a si mesmo e escuta suas próprias mentiras, chega ao ponto de já não poder distinguir a verdade, nem em si, nem em torno de si; perde pois o respeito de si e dos outros. Não respeitando ninguém, deixa de amar"[11].

A segunda virtude que deve permear nossos pensamentos é a da nobreza. A palavra no grego aqui é *semna*, que significa

---

[8] MARTIN, Ralph P. *Filipenses: Introdução e comentário*, 1985: p.173.
[9] WIERSBE, Warren W. *Comentário bíblico expositivo*. Vol. 6, 2006: p.125.
[10] MARTIN, Ralph P. *Filipenses: Introdução e comentário*, 1985: p.173.
[11] DOSTOIÉVSKI Fiódor, in *Os Irmãos Karamazov*. Editora Nova Aguilar (Stáriets). p. 527

nobre, honroso, decoroso, reverenciável, respeitável, venerável e dignificado. Em 1 Timóteo 3:8,11 e Tito 2:2, encontramos também esta palavra para caracterizar homens e mulheres dignos. Os discípulos de Jesus, os crentes em Jesus, devem exibir uma dignidade que deriva da salvação. Vivemos um tempo em que nossos líderes que estão na vitrine da sociedade faltam com o decoro. Todos os dias vemos políticos, jornalistas, professores e tantos outros que estão em evidência falando palavrões, sendo mal-educados e faltando com respeito e nobreza. O decoro no comportamento, nas palavras e na estética (vestuário e ornamentos) revela muito de nossos desejos mais ocultos e o nível de paz do nosso coração[12].

O terceiro foco de nossos pensamentos deve estar em tudo que é justo. A palavra aqui é *dikaia*, que significa equitativo; representando uma vida satisfatória e correta em todas as obrigações para com Deus, para com as pessoas e para conosco mesmos[13]. Vale resgatar aqui o sentido original do versículo 5 de Filipenses 4 quando diz: "Seja a amabilidade de vocês conhecida por todos". A palavra no original utilizada é epieikeia, que também pode ser traduzida por equidade, bondade e moderação. William Hendriksen diz que não há em nossa língua uma única palavra que expresse toda a riqueza contida neste vocábulo grego. F. F. Bruce revela que essa palavra foi usada por Aristóteles para descrever aquilo que não apenas é justo, mas é melhor ainda que a justiça. O que está em jogo aqui é muito mais que ser amável, ser bondoso ou ser moderado nos relacionamentos, é uma relação de equidade, que

---

[12] HENDRIKSEN, William. *Efésios e Filipenses*, 2005: p.585.
[13] CHAMPLIN R. N. *O Novo Testamento Interpretado* – Vol.5 Filipenses: p.63,64.

equilibra a justiça com amor e misericórdia nos momentos de tensão. É uma disposição mental para o que é justo, amável e honesto pois "os planos dos justos são retos..." (Pv 12:5), isso é o oposto do que fazem os iníquos, visto que eles "tramam o mal em suas camas! Quando alvorece, eles o executam..." (Mq 2:1).

A quarta virtude apresentada por Filipenses é a pureza nas motivações e ações, no grego *agna*. As organizações têm sofrido com pessoas de pensamentos capciosos e que agem com agendas ocultas. Muitos problemas organizacionais poderiam ser resolvidos rapidamente, mas são "empurrados com a barriga" ou ignorados, pois os responsáveis com motivações obscuras querem descartar projetos ou até pessoas. Pessoas de pensamentos impuros e agendas ocultas são ansiosas e geram ansiedade em todos a sua volta; onde estão existe sempre um clima de desconfiança pela falta de transparência, gerando um terreno fértil para insegurança e *fake news* na "rádio corredor". A pureza de pensamento e de propósito é a condição básica para confiabilidade, equilíbrio e paz na vida e nas organizações.

Em quinto lugar, nossos pensamentos precisam estar repletos de tudo que é amável. A palavra grega aqui é *prosphile*, que significa "digno de amor". São atitudes, palavras e experiências que proporcionam alegria e satisfação a todos, não causando desconforto a ninguém. Em todo o Novo Testamento, o único lugar em que é usado esse termo é em Filipenses 4:8. Champlin trata como "feliz condição" a pessoa que consegue atrair outras pessoas, por ter ela, em si mesma, algo da beleza de Deus em seus pensamentos, o que merece amor[14].

---

[14] CHAMPLIN R. N. *O Novo Testamento Interpretado* – Vol.5 Filipenses: p.64.

A sexta virtude em que precisamos focar nossas mentes e desejos é em tudo que é de boa fama. A palavra grega utilizada é *euphema*, que também só aparece neste versículo, dentre todo o Novo Testamento. Ensina literalmente a pensar em tudo que soa bem, que é digno de louvor[15]. Para irmos para além da resiliência, precisamos buscar aquelas coisas que geram a boa "reputação".

Por fim, a sétima virtude que devemos buscar é areté, a virtude moral, a excelência. Esse é o foco de todo discípulo de Jesus. Cada atividade humana, prática, pensamento e ação revela seu areté particular. Aqui é como se Paulo estivesse resumindo tudo que ele falou antes, todas as qualidades que compõem a excelência moral que é referida no versículo.

Precisamos deixar Deus transformar a nossa mente, curando e ressignificando as marcas do passado e preenchendo o nosso presente com beleza e seus valores. Os pensamentos renovados nos levarão a uma disposição de praticar o bem, pois não é possível separar atos exteriores de atitudes interiores, existindo uma íntima conexão entre "pensem nessas coisas" e "ponham em prática". Para Paulo, essa disposição de pensar e praticar estava ligada à disposição de aprender, receber, ouvir e ver. O propósito do discípulo de Jesus que vive "transiliência" não é ter fatos na cabeça, mas ter a verdade no coração. É por isso que a carta aos Filipenses nos chama a aprender e a praticar com aqueles que praticam a virtude: "Ponham em prática tudo o que vocês aprenderam, receberam, ouviram e viram em mim..." (Fp 4:9). O tema da imitação aparece mais uma vez aqui. Imite discípulos de Jesus

---

[15] CHAMPLIN R. N. *O Novo Testamento Interpretado* – Vol.5 Filipenses: p.63,64.

que têm pensamentos sagrados, que vivem areté. Imite-os e observe-os. Observe como eles veem a criação, o que leem, sobre o que falam, o que valorizam, como se comportam quando estão bem à vontade. Assim, "o Deus da paz estará com vocês" (Fp 4:9).

Não são as virtudes por si só que são capazes de mudar a nós mesmos, mas Cristo em nós, e nós em comunhão com Sua igreja, quando caminhamos e nos inspiramos em outros que também imitam a Jesus, que nos levam a de fato sermos transformados.

Quando estamos em Cristo, temos um único desejo: sermos como Jesus. E crescer em semelhança a Jesus passa pela renovação da nossa mente. Davi orou para que Deus examinasse seus pensamentos e sua conduta: "Sonda-me, ó Deus, e conhece o meu coração; prova-me, e conhece as minhas inquietações. Vê se em minha conduta há algo que te ofende, e dirige-me pelo caminho eterno" (Sl 139:23-24). Você pode fazer essa oração de Davi?

ORANDO A PALAVRA

Agradeço-te Jesus pelo Teu dom reconciliador que nos dá alegria. Graças te dou por ter removido o meu maior medo e ter aliviado minha ansiedade mais profunda por meio do Seu amor, demonstrado na Sua morte e ressurreição vitoriosas. Sou grato(a) pela Tua palavra que é capaz de santificar minha mente e por Seu Espírito Santo que sonda o mais íntimo do meu ser e me conduz à toda verdade. Sonda-me Senhor, prova-me e revela minhas inquietações para que eu as leve à Sua Cruz!

DESAFIO

Avalie e tome uma decisão sobre quais áreas você precisa melhorar:

1. *Alethe* — Você verifica a veracidade do que compartilha, seja em palavras ou nas redes sociais?

2. *Semna* — Você preza pelo decoro? Seja nas suas palavras ou na maneira de se vestir?

3. *Dikaia* — Você busca sempre o correto ou tem uma disposição para dar um jeitinho?

4. *Agna* — Você age com transparência ou sempre tem uma agenda oculta?

5. *Prosphile* — Você sempre busca a alegria e ser amável?

6. *Euphema* — Você sempre busca o melhor nas coisas e nas pessoas ou só vê o lado negativo delas?

7. *Arete* — Você é um apaixonado pelas virtudes morais ou isso é um peso para você?

Escreva estas palavras em lugares visíveis e, a partir de hoje, avalie diariamente se você tem crescido nas virtudes cristãs.

DIA 5

CONTENTAMENTO "TRANSILIENTE"

...aprendi a adaptar-me a toda e qualquer circunstância.
Aprendi o segredo de viver contente em toda e qualquer situação, *seja bem alimentado, seja com fome, tendo muito, ou passando necessidade. Tudo posso naquele que me fortalece.* (Filipenses 4:11-13)

No meu primeiro período sabático, tive contato com um poema que se tornou um divisor de águas em minha vida. Fazia aulas de inglês na *Church of the Servent*, em Grand Rapids, igreja que realmente fazia jus ao seu nome, pois seus membros eram de fato excelentes servos de Cristo, suas atitudes de amor ao próximo eram evidentes. Embora as aulas fizessem parte de ações missionais da igreja, raramente os professores usavam textos bíblicos para ministrá-las, pois tinham muitos alunos muçulmanos aprendendo inglês ali. Mas teve um dia que a nossa professora disse que teríamos um poema escrito por um jovem de 14 anos e um texto bíblico para estudarmos. Peguei o texto achando que seria algo que relatava as aventuras de um adolescente, mas, quando conectei seus escritos com Filipenses, percebi o quanto Deus estava usando coisas simples para tornar meu período sabático significativo. O nome do poema era *Present Tense*.

Tempo presente

Era primavera,
mas era o verão
que eu queria.
Os dias quentes,
e o grande ar livre.

Era verão,
mas era o outono
que eu queria.
As folhas coloridas,
e o ar frio e seco.

Era outono,
mas era o inverno
que eu queria.
A bela neve,
e a alegria das festas
de fim de ano.

Era inverno,
mas era primavera
que eu queria.
O calor, e o desabrochar
da natureza.

Eu era uma criança,
mas era a idade adulta
que eu queria.
A liberdade, e respeito.

Eu tinha vinte anos,
mas era trinta que eu queria.
Para ser maduro,
e sofisticado.

Eu era de meia-idade,
mas eu queria vinte anos.
A juventude,
e o espírito livre.

Eu estava aposentado,
mas era a meia-idade
que eu queria.
A presença de espírito,
sem limitações.

Minha vida acabou.
Mas nunca consegui
o que queria.

Ao ler esse poema e pensar no que as Escrituras Sagradas revelam em Filipenses 4, percebi que, para conseguirmos o que queremos, devemos querer o que temos. Para valorizar o que temos, devemos estar presentes no tempo que estivermos vivendo. Isso é "viver contente em toda e qualquer situação" (Fp 4:11).

As filosofias da época de Paulo falavam sobre o contentamento como "autossuficiência". Paulo transformou essa ideia para descrever o contentamento como "suficiência em Cristo". O contentamento cristão é sobre acreditar e viver que Cristo é o suficiente[16]. Enquanto as filosofias humanistas nos lançam para dentro de nós mesmos e até nos ajudam em resiliência, o contentamento cristão nos lança em transcendência, em "transiliência". O contentamento cristão nos lança para o *sentido da vida*, para Cristo; para um profundo relacionamento com Deus que nos garante olhar para dentro e para fora de nós mesmos e, independente das circunstâncias, com gratidão e satisfação em Cristo, nos permite crescer em toda e qualquer situação.

Paulo em Filipenses 4:11-12 enfatiza que seu contentamento não aumentou ou diminuiu com base em sua provisão material. Ter mais coisas ou menos coisas não trarão satisfação mais profunda ao discípulo de Jesus que está na jornada, em crescimento. Seu *sentido de vida* está à frente. Seus propósitos estão alinhados na busca de acumular tesouros na eternidade e não na Terra (veja Mateus 6:19-21).

Eu e minha esposa sempre lembramos do nosso primeiro ano de casamento. Vínhamos de um período de namoro de abundância financeira. Eu era sócio em uma pequena empresa de informática que prosperou muito por ocasião do

---

[16] MERIDA, Tony et al. *Exalting Jesus in Philippians: Christ-Centered Exposition Commentary*. Holman Reference, 2016:p. 188.

bug do milênio. Entretanto, passada a euforia do ano final da década de noventa, começamos a perder nossos clientes, chegando ao ponto de termos que vender bens pessoais para mantermos o básico. Eu era recém-casado. Estava mal-acostumado com um estilo de vida esbanjador e não me satisfazia mais com coisas simples. Os meus enfrentamentos começaram a ir além das questões financeiras. A escassez financeira fez emergir áreas escuras da minha vida que estavam escondidas pelo conforto. Foi um período de muita dor que me levou à oração e ao arrependimento. O período de fartura escondia orgulho religioso, orgulho pessoal, medos e crises na minha identidade. Agora, sem os recursos financeiros, eu não tinha mais a máscara do *self made man*, o homem feito por si mesmo. Por meio do sofrimento, eu me via totalmente dependente de Deus e minha saída não estava mais na minha autossuficiência, mas em Cristo Jesus. Foi nesse momento que tive que me lançar em direção a Ele, não para resgatar minha prosperidade pessoal, mas minha identidade real. Foi naquele período da vida que tive um encontro com o verdadeiro contentamento em Cristo Jesus e registramos memórias que até hoje aquecem nosso coração com alegria.

Lembro que, antes do casamento, costumávamos participar dos festivais de teatro da cidade, sempre vendo as melhores peças; todo ano, íamos à praia com os amigos e tínhamos muitos sonhos para o início da vida a dois. Mas, com a crise financeira vinda já no primeiro ano de casamento, não tínhamos dinheiro sequer para passagem de ônibus urbano e muito menos para gasolina. Nosso apartamento estava indo a leilão e vivíamos de empréstimos e dos poucos recursos advindos do nosso trabalho. Foi nesse período que descobrimos o prazer de uma caminhada nos parques da cidade, os quais passamos a chamar do lazer mais democrático que existe, pois é de livre acesso a todos, independentemente da classe social. Foi nesse período que aprendemos a curtir as peças mambembes gratuitas nos calçadões de Curitiba; a curtir bons papos com o Sr. Silvestre, comendo cachorro quente na esquina de casa; a ler livros emprestados dentro do ônibus a caminho da igreja e do trabalho e a fazer novos amigos pedindo carona na porta da igreja. E como foi bom aquele tempo! E como aprendemos a usufruir do que é gratuito ou custa pouco! E como esses primeiros anos de casado nos fortaleceram e uniram!

Muitos sempre esperam mudanças das circunstâncias para encontrar satisfação na vida. Com minha esposa, eu pude realinhar minha vida interior, resgatando minha identidade e aprendendo a viver um estilo de vida simples e satisfatório, mesmo na escassez. O jovem poeta Jason Lehman, aos 14 anos de idade, descobriu que a vida deveria ser vivida no "tempo presente". Paulo, mesmo dentro de uma cadeia, foi capaz de transcender e se lançar em "transiliência", permitindo ser transformado interiormente e abençoar vidas exteriormente.

Certifique-se de que você está de fato vivendo o presente. Lembre-se do provérbio que se popularizou na animação *Kung Fu Panda* (DreamWorks, 2008): "O ontem é história, o amanhã é um mistério, mas o hoje é uma dádiva, é por isso que se chama presente". Aproveite o seu presente de "hoje". Desacelere o suficiente para ver o que está diante de você. Faça como aquela senhora que visitei em um hospital que, mesmo em dor, orava por seus familiares e abençoava todos no quarto. Não deixe sua atenção se desviar com um futuro incerto e nem se perder no passado, mas permita que Deus, em sua providência, lance você em contentamento para além da resiliência. Faça como o salmista que pedia para repousar "em verdes pastagens" e ser conduzido "a águas tranquilas" (Sl 23:2) a fim de encontrar restauração para alma e satisfação no Sumo Pastor.

ORANDO A PALAVRA

Senhor, simplesmente quero te agradecer o presente chamado "hoje". Agradeço-te porque não me falta o essencial; porque Tu me supres com amor e ternura, independente das circunstâncias. Graças te dou porque o Senhor me conduz pela mão quando não enxergo o caminho. Agradeço-te porque Tu és o Caminho e, em Tua direção, de nada tenho falta!

DESAFIO

É tempo de olhar para dentro de você e expressar gratidão a Deus em louvor e adoração. Ainda existe murmuração em suas palavras?

Você tem tido a necessidade de ostentação e sofisticação no seu estilo de vida? Você sempre precisa fazer coisas, comprar coisas, expor coisas para ser bem-visto pelas pessoas?

Avalie o que lhe dá prazer e veja se você depende de coisas que são sofisticadas e caras. Faça uma lista de novas atitudes que você pode ter ao viver um estilo de vida mais simples.

DIA 6

TRANSBORDAMENTO

"Alegro-me grandemente no Senhor, porque finalmente vocês renovaram o seu interesse por mim. De fato, vocês já se interessavam, mas não tinham oportunidade de demonstrá-lo. [...]. Apesar disso, vocês fizeram bem em participar de minhas tribulações. Como vocês sabem, filipenses, nos seus primeiros dias no evangelho, quando parti da Macedônia, nenhuma igreja partilhou comigo no que se refere a dar e receber, exceto vocês; pois, estando eu em Tessalônica, **vocês me mandaram ajuda, não apenas uma vez, mas duas, quando tive necessidade.** Não que eu esteja procurando ofertas, mas o que pode ser creditado na conta de vocês. Recebi tudo, e o que tenho é mais que suficiente. Estou amplamente suprido, agora que recebi de Epafrodito os donativos que vocês enviaram. **São uma oferta de aroma suave, um sacrifício aceitável e agradável a Deus.** O meu Deus suprirá todas as necessidades de vocês, de acordo com as suas gloriosas riquezas em Cristo Jesus. A nosso Deus e Pai seja a glória para todo o sempre. **Amém.** Saúdem a todos os santos em Cristo Jesus. Os irmãos que estão comigo enviam saudações. Todos os santos lhes enviam saudações, especialmente os que estão no palácio de César. **A graça do Senhor Jesus Cristo seja com o espírito de vocês. Amém.***" (Filipenses 4:10,14-23)

O último capítulo de Filipenses é elucidativo. N. T. Wright diz que é como o fim de um romance ou de um conto, quando finalmente é revelado um motivo ou uma sensação que permeia a narrativa ao longo de todo o texto. As linhas finais dessa carta revelam o tamanho da alegria do apóstolo Paulo por essa igreja. O final da carta mostra o resultado, ainda nesta vida, para a vida daqueles que vivem plenamente com o Senhor Jesus. Revela que aqueles que encontraram seu *sentido da vida* em Jesus e que aplicam princípios eternos em suas vidas, crescendo diariamente à imagem do Mestre, vivem a plenitude que os leva ao transbordamento. Nestas linhas finais, o apóstolo traz em evidência princípios que revelam transbordamento, eu os chamo de os quatro "Gs da transiliência": gratidão, generosidade, grandeza e gentileza.

Essa é uma carta cujo objetivo principal foi a gratidão. A explosão de alegria de Paulo em gratidão a Deus é contagiante em toda a carta, tanto é que em seu final ele usa o advérbio "grandemente", ele diz: "Alegro-me grandemente no Senhor, porque finalmente vocês renovaram o seu interesse por mim. De fato, vocês já se interessavam, mas não tinham oportunidade de demonstrá-lo" (Fp 4:10). Ele está agradecido pela disposição dos filipenses em doar mesmo não conseguindo fazê-lo em muitos momentos. Paulo não diz o porquê os membros daquela comunidade passaram um período sem doar; talvez tenha sido devido à pobreza deles (veja 2 Coríntios 8:1-2) ou à inacessibilidade de Paulo. Ele simplesmente diz que lhes faltou oportunidade, mas nunca faltou preocupação. Paulo está extremamente grato pela preocupação dos filipenses com ele e pela generosidade deles.

Ainda sobre o princípio da gratidão usado por Paulo, é interessante notar que ele não usa explicitamente a palavra "obrigado" diretamente aos filipenses. Paulo expressa sua gratidão de forma triangular, entre ele mesmo, os filipenses e o Senhor. David Platte[17] diz que, ao comunicar gratidão dessa maneira, ele evita três armadilhas comuns associadas a falar sobre dinheiro: manipulação, bajulação e silêncio. O texto deixa claro que o agradecimento de Paulo não é um pedido de mais dinheiro. Não é incomum vermos organizações sem fins lucrativos dizendo assim: "Obrigado pela oferta, mas você não enviou nada nos últimos dois meses", muitas vezes gerando culpa. Paulo não quer que sua gratidão seja retratada como uma maneira inteligente de pedir mais. Ainda, além de fugir da manipulação em suas palavras de gratidão, Paulo também evita a bajulação. Seu agradecimento não é exagerado. Como exemplifica Platt, ele não diz: "Estou dedicando esta cela de prisão a vocês, filipenses. Estou colocando uma placa com seus nomes nela". Finalmente, Paulo evita o silêncio. Algumas pessoas temem que, se mostrarem qualquer gratidão, os doadores ficarão envaidecidos. Entretanto, Paulo sabe que aqueles que servem e doam fielmente devem ser honrados. Como Paulo evita estas armadilhas? Ele evita a manipulação, lembrando-lhes o porquê está feliz: é porque a igreja está dando frutos e por causa da relação que ele tem com eles. Ele não está se alegrando por causa do presente. Ele evita a bajulação regozijando-se no Senhor pelos filipenses. Ele não fala sobre eles, mas louva ao Senhor por sua fidelidade. Ele evita o tratamento silencioso, realmente regozijando-se no Senhor diante dos Filipenses. Paulo assim termina a carta da mesma forma que a abriu: "Agradeço a meu Deus toda vez que me lembro de vocês" (Fp 1:3), fazendo assim um paralelismo entre a ação de graças do primeiro capítulo e deste último.

---

[17] MERIDA, Tony et al. *Exalting Jesus in Philippians: Christ-Centered Exposition Commentary*. Holman Reference, 2016:p. 188.

O primeiro princípio recapitulado aqui foi a gratidão. O princípio da gratidão nos leva para além da resiliência quando feito triangularmente, entre nós, o doador e Deus, e nos lança em "transiliência" para que nós e o doador venhamos a dar ainda mais frutos que agradam não a nós, mas a Deus.

O segundo "G da transiliência" que é novamente evidenciado aqui é a generosidade, algo que se manifesta em toda a carta. Entretanto, nestes parágrafos finais, Paulo revela que existe algo de especial na generosidade daqueles Macedônios da cidade de Filipos. Eu chamaria isso de generosidade gentil. Mais do que o valor da doação em si, o que chamava a atenção era a disposição amável deles em doar. Mais do que a entrega de uma oferta financeira ou um bem, a gentileza demonstrada pela disposição deles em cuidar de Paulo é que tinha maior valor. A disposição gentil do coração do doador é o maior valor que se agrega à sua oferta. A generosidade gentil enriquece e multiplica a semente, ao semeador e àquele que recebe. Podemos lembrar da oferta da viúva pobre relatada por Jesus (veja Marcos 12:41-44; Lucas 21:1-4) e do próprio testemunho que Paulo dá a igreja de Corinto da generosidade dos filipenses:

> *Agora, irmãos, queremos que vocês tomem conhecimento da graça que Deus concedeu às igrejas da Macedônia. No meio da mais severa tribulação, a grande alegria e a extrema pobreza deles transbordaram em rica generosidade. Pois dou testemunho de que eles deram tudo quanto podiam, e até além do que podiam. Por iniciativa própria, eles nos suplicaram insistentemente o privilégio de participar da assistência aos santos.* (2 Coríntios 8:1-4)

O amor não se contém em si mesmo e, por isso, transcende e se lança em doação. A disposição gentil se transforma em boa semente de generosidade. É esse amor que nos leva para além da resiliência e nos torna "transilientes". Muitos doam sem a motivação do amor. Doam por obrigação, medo ou ganância. É comum em muitas igrejas os doadores legalistas que são bons cumpridores de obrigação, mas sua generosidade não passa de uma performance religiosa. Outros por medo sucumbem às pressões de líderes inescrupulosos e doam com medo de maldições e de não ficarem bem com Deus. E ainda outros, na sua ganância, doam pensando em fazer uma troca com Deus. Uma espécie de "toma lá dá cá" alimentados pela teologia da prosperidade.

A alegria de Paulo não estava focada nas doações que vinham deles, mas no crescimento de cada um, como verdadeiros aprendizes da generosidade gentil de nosso Senhor e Mestre Jesus Cristo. É por isso que ele diz: "Não que eu esteja procurando ofertas, mas o que pode ser creditado na conta de vocês" (Fp 4:17). Paulo vê essa disposição generosa como um culto a Deus: "São uma oferta de aroma suave, um sacrifício aceitável e agradável a Deus. O meu Deus suprirá todas as necessidades de vocês, de acordo com as suas gloriosas riquezas em Cristo Jesus" (vv.18-19). Quando nos lançamos em generosidade gentil, não por obrigação, medo ou interesse próprio, estamos transcendendo em culto a Deus.

O terceiro princípio de "transiliência" encontrado nestes versículos finais é o da grandeza. Essa grandeza não é demonstrada pela posição apostólica de Paulo, mas pela sua disposição em servir em qualquer situação. Como ele mesmo diz: "...aprendi a adaptar-me a toda e qualquer circunstância. Sei o que é passar necessidade e sei o que é ter fartura. Aprendi o segredo de viver contente em toda e qualquer situação, seja bem alimentado, seja com fome, tendo muito, ou passando necessidade. Tudo posso naquele que me fortalece (Fp 4:11-13). Paulo era o tipo de homem que servia a Cristo independente de ter ou não o sustento vindo por meio de ofertas. Em algumas ocasiões, ele não recebeu sustento financeiro das igrejas onde servia para proteger-se dos críticos de plantão que poderiam distorcer suas motivações e atacar seu apostolado. Em outras ocasiões, algumas igrejas, como a igreja de Corinto, deixaram de ofertar o que lhe era devido, precisando que as igrejas da Macedônia, inclusive da igreja de Filipos, enviassem sustento a ele, enquanto trabalhava em Corinto (veja Filipenses 4:16; 2 Coríntios 8:8-9; 12:13). A grandeza de se tornar servo é o que nos lança para além da resiliência e nos faz transcender. "Seja a atitude de vocês a mesma de Cristo Jesus, que, embora sendo Deus, não considerou que o ser igual a Deus era algo a que devia apegar-se; mas esvaziou-se a si mesmo, vindo a ser servo..." (Fp 2:5-7). Jesus se fez pequeno diante de Sua grandeza para servir.

O quarto "G da transiliência" é o da gentileza. Para aqueles que tinham uma visão de Paulo como um homem rude e duro, com certeza ao chegar ao final dessa carta, observou um homem sensível e gentil. Ele termina sua carta não como um teólogo frio e distante, mas como um pastor que se lembra de cada uma das suas ovelhas (veja Filipenses 4:21). Como um evangelista que se alegra com seus filhos espirituais, ele se lembra do pequeno grupo que se reunia "no palácio de César" (Fp 4:22). A alegria de Paulo era contagiante, pois sua prisão resultou em testemunho para os soldados de elite em Roma que levaram o evangelho para dentro do palácio. A prisão foi transformada em campo missionário e academia da resiliência. Sua dedicação e amor a Jesus fez os frutos transcenderem e entrarem no lugar mais improvável, o palácio de uma das ditaduras mais cruéis que conhecemos[18].

O discípulo de Jesus não é feito pelo lugar, mas transcende e transforma os lugares. Para os discípulos de Jesus não existem lugares ou pessoas improváveis. O discípulo que encontrou o sentido da vida em Cristo Jesus se lança "transilientemente" para todos e em todos os lugares, crendo no milagre até no lugar mais opressor, violento e promíscuo. O discípulo de Jesus sempre transborda. Transborda em doação, gentileza, virtudes, ensino, aprendizagem, gratidão, amor, o mesmo amor revelado por Jesus Cristo, Nosso Senhor e Salvador.

ORANDO A PALAVRA

Senhor, faz-me transbordar. Quero abrir minhas mãos para receber do Senhor e transbordar sobre muitos. Que este seja meu estilo de vida mesmo na escassez: estar sempre pronto a abençoar outras pessoas.

DESAFIO

Dos quatro "Gs da transiliência", qual você precisa ser intencional para viver intensamente? Neste tempo você já desenvolveu a gratidão? A generosidade é algo real em sua vida ou você ainda precisa controlar tudo para si? Você vive a grandeza de servir a Deus e as pessoas sem esperar algo em troca? E a gentileza tem sido real nos seus relacionamentos?

---

[18] HENDRIKSEN, William. *Efésios e Filipenses*, 2005: p.602.

SHABAT

O DESCANSO NO SENHOR

Esta foi a nossa última semana de meditação em Filipenses. Após todo o percurso que fizemos juntos até aqui, é importante concluirmos com um panorama do que observamos nesses últimos dias, visto que o nosso alvo é o de experimentarmos a plenitude da vida de Deus em nós a fim de que possamos trasbordá-la, como Igreja de Cristo, aos outros.

Este é um tempo para pensamos no que nos foi ensinado pelo apóstolo e o que de fato aprendemos, pois aprendizagem tem a ver com transformação e prática. É um tempo para revermos o quanto temos construído relacionamentos saudáveis com aqueles que estão ao nosso redor, o quanto temos contribuído para resoluções de problemas ou para a instauração deles. É um tempo para entendermos que servimos ao Senhor Todo-poderoso, que Ele está conosco todo tempo e está disposto a aquietar as inquietações do nosso coração, desde que nos acheguemos a Ele com orações, súplicas e ações de graças. Ele é quem nos ouve e nos concede a paz que excede todo o nosso entendimento.

Pensemos nas coisas do alto a fim de que nos sintonizemos como o que é eterno, e que as nossas práticas sejam um reflexo da vida de Jesus. Assim, experimentaremos o contentamento advindo da presença de Deus em nossa vida, mediante o agir do Espírito Santo em nós. Ao experienciarmos essa plenitude e ao praticarmos as orientações de Sua Palavra, o resultado certamente será o transbordar da vida dele sobre os outros por meio de nós.

Reflitamos juntos sobre estas palavras finais de Paulo como Igreja do Senhor que somos. Que ao vivermos a gratidão, a generosidade, a grandeza e a gentileza, as quais somos conclamados a praticar, nossa vida expresse para todo sempre a glória do nosso Deus e Pai.

> *A nosso Deus e Pai seja a glória para todo o sempre. Amém. Saúdem a todos os santos em Cristo Jesus. Os irmãos que estão comigo enviam saudações. Todos os santos lhes enviam saudações, especialmente os que estão no palácio de César. A graça do Senhor Jesus Cristo seja com o espírito de vocês. Amém.*
>
> (Filipenses 4:20-23)